K. H. WAGGERL · WAGRAINER GESCHICHTENBUCH

KARL HEINRICH WAGGERL / GESAMMELTE WERKE

Erster Band
DAS JAHR DES HERRN
Roman

Zweiter Band
WAGRAINER GESCHICHTENBUCH
Wagrainer Tagebuch · Kalendergeschichten · Das Wiesenbuch

Dritter Band
FRÖHLICHE ARMUT
Erzählung

Vierter Band
MÜTTER
Roman

Fünfter Band
BROT
Roman

KARL HEINRICH WAGGERL

WAGRAINER GESCHICHTENBUCH

Wagrainer Tagebuch
Kalendergeschichten
Das Wiesenbuch

Otto Müller Verlag Salzburg

7. Auflage, 33.—38. Tausend

ISBN 3-7013-0070-4

© 1950 OTTO MÜLLER VERLAG, SALZBURG
GESAMTHERSTELLUNG R. KIESEL, SALZBURG

WAGRAINER TAGEBUCH

Ich stehe in meiner Kammer vor dem offenen Fenster. Es ist Nacht, ein schwerer Regen rauscht vom Himmel nieder. Das Wetter kam von Süden her. Vordem war das Land weithin vom Schein der Gestirne mild erleuchtet, aber dann schleppte die Wolke Finsternis in das Tal herein. Ich sah, wie sie den fliehenden Mond fing und verschlang, die ängstlichen Sterne alle, sie fraß und fraß den Himmel leer, und zuletzt legte sie sich satt über den Berg, und alles Licht war ausgelöscht.

Ich selber bin in Schwärze aufgegangen. Diese Dunkelheit ist völlig ohne Gestalt, aber dennoch fühlbar, in unirdischen Maßen bewegt, und ich winziges Wesen schwebe inmitten der abgründigen Leere und spüre mein schlagendes Herz.

Ich wende den Kopf und schaue umher, ob ich nirgends einen Schatten der vertrauten Dinge wiederfände, aber es ist nicht das geringste zu erkennen, kein Baum, kein Haus, auch kein Lichtschein in der Nachbarschaft, nichts. Und das währt so, bis endlich die bleiche Helle eines Blitzes den Himmel wieder von der Erde trennt. Dann, während der grobe Donner um das Haus poltert und stampfend wiederkehrt und murrend verstummt, dann schwebt für eine Weile ein tröstliches Bild vor mir in der schwarzen Leere. Es ist das geliebte Land, wie ich es immer sehe, jeden Morgen, wenn ich an das Fenster trete und mir den Schlaf aus den Augen reibe, und noch des Abends, wenn die friedvolle Dämmerung auch meine Unrast zur Ruhe bringt. Die Berge im Umkreis, die Felder, von weißem Dampf überwallt, lichte Baumkronen, die der Wind beugt, das alles tritt für einen Augenblick aus der Nacht, verklärt von einem zauberischen Licht. Das Dach des Nachbarn auch, die Zäune und Wege im Wasserglanz, und einmal sehe ich einen Hund, der eilig durch den spritzenden Regen nach Hause läuft.

Auch diesen Hund kenne ich, er hat noch einen weiten Weg vor sich. Ich sah ihn schon am Abend vor dem Haus des Krämers sitzen, und da redete ich ihm zu. Treff, sagte ich, geh heim, das hat gar keinen Sinn. Das Krämerhündchen ist zu fein für dich, es trägt ein seidenes Halsband und nährt sich von Zukkerbrot, und du bist bloß so ein Köter und viel zu groß obendrein, du hast überhaupt kein Halsband und lebst vom Schafhüten mit deinem Herrn. Nur ist dein Herr klüger als du, der heult nicht unter dem Fenster der Krämertochter, sondern er geht zu seinesgleichen auf die Almen. So sagte ich zu Treff, aber es half wenig, er blieb dennoch sitzen und stimmte von Zeit zu Zeit sein Lied an, den uralten Gesang von dem großen Herzeleid, das alle Kreatur heimsucht, sobald die Nächte warm werden.

Ich lehne ja selber hier am Fenster und habe das Hemd naß auf dem Leibe kleben, statt daß ich ins Warme kröche und schliefe. Und dabei ist das noch gar nicht mein bestes Narrenstück, es gab eine Zeit, da rannte ich auch des Nachts im Regen umher, ein seidenes Halsband war nicht der Grund, aber ein samtenes, mit einem roten Herzchen daran. Und der Hals, um den es hing, der war schwanenweiß und viel zu zart für meinesgleichen; ich war nichts, weniger als ein Schafhüter, ich weiß gar nicht mehr, wovon ich mich damals nährte.

Aber das ist lang vorbei. Jetzt ist es nicht mehr die Torheit der Jugend, die mich nachts zuweilen an das Fenster treibt und nach einem Stern am verhängten Himmel suchen läßt. Mit den Jahren bin ich seßhafter geworden, das muß man mir zugute halten, bedächtiger in meinem Wesen, klüger wohl nicht, aber ruhiger. Ich war ja auch unterwegs, war Soldat im Kriege, war auf Reisen in vielen Ländern und Städten, aber es wurde mir nie wirklich wohl in der Ferne; ich begreife jetzt, warum das Wort Elend vor alters soviel wie die ‚Fremde‘ bedeutete. Seither bin ich daheim geblieben, da tue ich meine geringe Arbeit unter den andern, und oft stehe ich eben eine Weile so da und schaue um mich, und dann wird mir leicht und fröhlich zumut, weil ich alle die bekannten, die getreuen Dinge um mich versammelt finde.

Denn die Heimat ist das Bleibende, das Sichere, sie ist die Erbgnade für unser unseliges Geschlecht. Ich höre sagen, das sei Schwärmerei, es liege nichts daran, ob einer an dem oder jenem Ort der Welt werke und sich ums Dasein plage. Menschen hätten doch die Grenzen gesteckt, sie seien vom Zufall oder vom Wechselspiel der Geschichte bestimmt worden, da sei kein Zauber im Spiel, nichts Innerliches und Unwägbares, die Heimat schaffe sich der Mann, wo ihn sein Geschick hintrüge — nein, ich glaube das nicht. Ein Mensch kann nicht überall daheim sein, zu Hause wohl, aber nicht daheim.

Ich muß daran denken, wie mir geschah, wenn mir

in der Fremde ein Landsmann begegnete, der von der Heimat reden konnte. Wie ich nach jedem Hügel hätte fragen mögen, nach den Bäumen ums alte Haus, nach dem Brunnen und dem Turm, ob er noch stünde. Als ob es nicht auch anderwärts Hügel und Bäume und Türme gäbe! Aber das meinte ich ja gar nicht, sondern der Baum, nach dem ich fragen wollte, der war mir auf geheimnisvolle Weise ins Gemüt gewachsen. Es war der Baum aus meinen Kindertagen. Denn das Heimatland ist ja in Wahrheit das Land der Kindheit, voll rätselhafter Klänge und magischer Bilder, die der Verstand nicht faßt, aber das Gemüt, weil sie uns aus einer Zeit her bewahrt wurden, in der unsere Seele selbst noch voll von Geheimnissen war.

Ein junger Vogel muß seine Flügel gebrauchen, versteht sich, aber ich bin schon ein älterer Vogel. Als ich jung war, meinte ich auch, ich müsse meine Kräfte in der Fremde versuchen, dort müsse das große Geheimnis verborgen, die Wahrheit zu gewinnen sein. Der Sinn der Welt, dachte ich, liege in ihrer Vielfalt, also komme es darauf an, hinterher zu sein und sich umzutun, versäumt sei auch schon verloren. Das meine ich nicht mehr. So viel habe ich doch erfahren, daß alles hintergründig ist und daß man vergeblich das Ganze zu gewinnen sucht, wenn man es nicht schon in seinem geringsten Teil begreift. Die beste Kraft kommt aus den Wurzeln. Und die Wahrheit ist im Nächsten wie im Fernsten zu finden, aber überall gleich mühevoll.

*

Dergleichen Gedanken gehen mir durch den Kopf, während ich im tobenden Wetter am Fenster lehne. Es mögen einfältige Gedanken sein, aber müßig sind sie nicht. Denn ich muß mir Rechenschaft ablegen, es ist etwas geschehen, was mein ganzes Leben von Grund auf ändern kann.

Ich habe mir ein Lehen gekauft.

Ein Lehen, das ist Ackerboden, Wiesenland, eine Hütte darauf. Von Haus und Hof kann man nicht reden, das wäre übertrieben, es sind wenig mehr als zwei Joch Grund, die Halde eingerechnet. Aber eine Kuh läßt sich immerhin darauf ernähren, und das ist doch wieder viel, wenn man es überlegt, so ein großes Tier. Nicht, daß ich etwa daran denke, mich für den Rest meiner Lebtage auf die Viehzucht zu werfen, nein, es soll nur ein Maßstab sein, ein heimlicher Rückhalt. Die Kuh ist mein bester Trumpf, den ich immer ausspiele, sooft die Hausgenossen kleingläubig werden und an meinem Ratschluß zweifeln. Es könnte ja sein, daß die wilden Türken wiederkommen, Krieg und Pestilenz. Dann werde ich die Meinen zusammenrufen, werde das Gatter im Zaun zunageln und die Kuh grasen lassen, seht, und Milch und Honig fließt uns sieben magere Jahre lang.

Vorläufig hat mein Lehen allerdings wenig Ähnlichkeit mit dem Gelobten Land, das muß ich zugeben. Ein Korbflechter hauste darauf, der soff sich beharrlich zu Tode, wie es die meisten Korbflechter tun, Gott wird wissen, warum, es ist ein sehr trockenes Handwerk. Er hieß Ägidius, das war noch das beste an ihm. Zu Lichtmeß wurde er begraben, und der Nachbar Michael trat das Erbe an, weil er sein Halbbruder ist und weil er ihm auch den Schnaps geliefert hat, an dem er starb.

Mit diesem Michael aber hatte ich einen langen und schwierigen Handel zu bestehen. Ich konnte ja nicht einfach hingehen und das Lehen mit Pulver und Blei erobern, mir hätte man das sicher übelgenommen. Es fing damit an, daß ich unversehens Geld ins Haus bekam, nicht bloß ein paar Scheine für die Hosentasche wie sonst zuweilen, sondern eine Menge Geld. Der Briefträger brachte es am frühen Morgen, feierlich gestimmt. Er hatte die Dienstmütze aufgesetzt und seine Ledertasche umgehängt, es war gewiß unpassend, daß ich auch in dieser ernsten Stunde keine Haltung zeigte und einen Scherz mit ihm versuchte. Er netzte also den Daumen an der Lippe und prüfte jeden Schein, ob er nicht doppelt wäre, und so zählte er ins Unendliche weiter, ein Bündel braune zuerst und etliche blaue obenauf, o Gott, es nahm kein Ende. Nachher stellte er sich gerade hin und hob die Hand an die Mütze wie ein Soldat, und da stand ich denn auch auf und verneigte mich demütig vor diesem Häufchen Papier, vor dem großmächtigen Geld.

Wahrhaftig, es ging uns beiden nahe. Die Hand zitterte mir, als ich meinen Namen schreiben sollte. Ich muß zugeben, daß ich mich früher zuweilen unpassend über das Geld geäußert habe, aber das war anderer Leute Geld. Jetzt besaß ich selber welches, darin liegt ein Unterschied. Es kam zu mir und verzieh mir meinen Leichtsinn und brachte Glanz in meine Hütte. Ja, und freilich auch Sorgen.

Der Geiz fiel mich an, die Scheelsucht, das Mißtrauen, plötzlich schossen alle meine heimlichen Laster üppig ins Kraut.

Ein paar Tage lang schleppte ich meinen Reichtum

im Haus umher, ich strengte meinen Scharfsinn an und verbarg den Schatz unter Blumentöpfen oder im Aschenloch. Allein, wenn ich auch das Raubgesindel damit zu täuschen vermochte, so war doch der Unverstand der Frauen unterwegs; vielleicht gab er ihnen ein, auch die leeren Töpfe zu gießen oder im Sommer die Öfen zu heizen. Nein, ich lief eilends und barg das Geld und setzte mich fürs erste selber darauf, in meinem Sorgenstuhl.

Ach, Reichtum macht nicht glücklich. Das stand ja schon in meiner ersten Fibel, ich wollte es nur nie glauben. Vorher, als es mir dranging, hatte ich tausend Wünsche von der üppigsten Art; ich war ein Meister der großartigen, der kunstreichen Wünsche. Göttlichen Traumvögeln glichen sie, paradiesischen Fabelgeschöpfen, die mich ungreifbar, aber zu meinem Ergötzen umkreisten, und nun verwandelten sie sich in häßliche Krähen und Ratten und nagten gierig an meinem Schatz.

So verging die Woche, und nichts geschah. Auch bei den Dorfleuten verblaßte mein Ansehen allmählich wieder. Vielleicht prahlte der Briefträger nur, und es war gar keine so unsinnige Menge Geld gewesen. Feierte ich etwa Feste, floß der Wein in Strömen im Haus des reichen Prassers? Nein, ich lief nur verdrossen umher und machte nicht einmal Anstalten, bessere Hosen zu tragen als bisher. Was konnte man denn auch von mir erwarten? Manchmal verdiente ich einen halben Käse für einen Grabvers, und das war dann schon viel.

*

Aber am Samstag-Feierabend kam es über mich, da hatte ich plötzlich eine Eingebung. Ich holte das ganze Geld aus dem Uhrkasten und schob es in die Tasche, dann nahm ich den Hut vom Nagel und sagte Bescheid in der Stube. Ich habe auswärts zu tun, erklärte ich. Es ist mir vonnöten, noch einige Studien zu machen.

Ja, und ich trabte in der Abendkühle unter den Bäumen hin und den Feldweg entlang, der mir in vielen Jahren so lieb geworden ist. Gleich war mir wohl und leicht um die Brust. Hier kannte ich jeden Stekken im Hag, aber nun sah ich alles mit anderen Augen an. Ich ging und zählte meine Schritte ab, hundert bis zum Haus und noch einmal hundert bis zum Weizenfeld des Nachbarn. Von dort weg quer hinüber schätzte ich wieder zweihundert Schritte, und so war es eben recht. Ich stieg über den Zaun und setzte mich vor der Hütte auf die Bank, um die Sache noch einmal im Kopf zu überschlagen. Die Luft war mild von der späten Sonne durchleuchtet, der Ahorn über dem Haus roch süß nach Honig, und die Bienen lärmten noch in seiner Krone. Das klang, als summte der Baum selber ein bißchen vor sich hin, weil ihm auch wohl war in der Abendruhe. So weit ich schauen konnte, blühten die Wiesen gelb und weiß, und nah vor mir standen ein paar Halme Korn zwischen den Tretsteinen, schwankend im leisen Wind. So würde ich oft hier sitzen, das warme Gebälk im Rücken, die Fenster meiner Werkstatt, in der ich meinen ganzen Kram stehen hätte, die Hobelbank und die Töpferscheibe und vielleicht sogar einen Webstuhl, warum sollte ich nicht auch noch das Weben erlernen können? Wirklich, ich lebte auf meinem Lehen wie ein Fürst, mit allem versorgt, was wüchse und flöge und kröche. Aus der ganzen großen Welt wäre dieser Fleck Land herausgenommen und mir zu eigen gegeben, und ich wollte ein guter Herrscher sein und väterlich in meinem kleinen Reich regieren.

Es stünde mir wohl an, auch meinem Herkommen nach. Freilich, aus einem berühmten Geschlecht stamme ich nicht, es ist kein gekröntes Haupt in der Reihe meiner Ahnen verzeichnet. Sie waren alle arme Leute, ein Knecht, ein Kleinbauer, wieder ein Knecht, manchmal ein Handwerker dazwischen oder ein Bergmann. Die meisten jedoch Bauern und so zurück bis auf Abel im Paradies, der der erste war, aber erschlagen wurde, weil er das Maul zu voll nahm. Und zuoberst in der Reihe ich, der Letzte, der Sohn eines Zimmergesellen. Ein wenig zu weich geraten, nicht mehr so schwerhändig wie die früheren alle. Der ist uns ein bißchen aus der Art geschlagen, würden die Vorväter sagen, ein Sinnierer, ein Sprüchemacher.

Allein, ob wohl jemals einer von den Vätern mit so großartigen Plänen umgehen konnte wie ich, mit so einem Haufen Geld im Hosensack? Am Ende war ich doch nicht der Schlechteste, ich mußte zwar auch erst in die Jahre kommen, bis mir etwas Rechtes gelang, aber unversehens glückte es mir.

Nächstens würde ich mich hinsetzen und einen Brief schreiben. Meine liebe Mutter, würde ich schreiben, ich habe eine Freude für dich auf deine alten Tage, ich habe ein Lehen gekauft. Es ist gute zwei Joch groß, und Holzrecht ist auch dabei, für den Fall, daß man zubauen will. Du kannst jeden Tag kommen und es ansehen. Und wenn es dir recht ist, so halte ich dir die obere Stube frei, du bekommst auch den Hausgang für die Blumen dazu, wie du es immer haben wolltest. Und ich schicke dir ein paar Ähren von meinem Grund, die sollst du für unseren Vater auf das Kreuz stecken.

So würde ich schreiben. Und eines Tages käme die alte Mutter auch wirklich gelaufen, sie trüge ihr weißes Kopftuch und den Strohhut darauf und Essen für drei Tage im Korb. Ich nähme sie bei der Hand und zeigte ihr alles; manches würde sie loben, und manches mißfiele ihr auch, zum Beispiel, daß ich keine Hühner haben wollte, weil Hühner dumm sind. Das wäre wieder bloß eine von meinen Marotten, sie hätte weiß Gott keine Schuld, daß ich noch immer daran litte, ich sei eben von jeher ein eigenwilliges Kind gewesen. Aber im ganzen wäre die Mutter zufrieden mit meinem Kauf, und am Abend ginge sie wieder. Sie griffe an den Türpfosten, wo der Weihbrunnkessel hängen sollte, und gäbe mir wortlos ihren Segen, wenn auch nur einen trockenen. Gott schütze euch alle, bleiben könne sie nicht, aber sie wolle gern wieder einmal nach dem Rechten sehen. Mit keinem Wort verriete sie ihren Stolz. Nur zu den nächsten Ostern schriebe sie vielleicht eine Karte herüber, an ihren Herrn Sohn, Grundbesitzer, Heuwurflehen.

Das alles dachte ich mir so aus an diesem Samstag-Feierabend, und dann ging ich hinüber zum Nachbar Michael und besprach den Handel mit ihm.

*

Es ging hart auf hart zwischen uns beiden. Anfangs ließ es sich freilich ganz schiedlich an, Michael saß hinter dem Tisch und kaute friedfertig seinen Tabak, und wir redeten weit umher, wie es Brauch ist, von den Märkten und Geschäften, und daß wir ein gutes Jahr hätten, was das Futter beträfe. Der Nachbar zeigte sich überaus umgänglich und gesprächig, aber mir war das nicht geheuer, ich sah recht gut, daß er mich dann und wann verstohlen musterte, wie man einen Gaul betrachtet, wenn man nicht weiß, nach welcher Seite er ausschlagen wird. Komm du mir nur, dachte er wohl bei sich, mir bist du nicht zu schlau!

Und ich saß vor ihm mit meinem Knäuel Papier in der Tasche und wußte keinen Rat. Das Wetter war längst besprochen, der ganze Wandel in der Gemeinde nach seinen guten und schlechten Seiten, auf hundert Dinge kamen wir zu reden, nur auf das Lehen nicht. Den alten Michael plagte ja auch die Neugier mehr und mehr, ich merkte, wie er seinen Kopf anstrengte, um mir hinter die Schliche zu kommen. Hier und dort klopfte er auf den Busch — Holz? Wollte ich vielleicht Brennholz kaufen? Dann war es gut, wenn ich beiläufig erfuhr, wie unsinnig das Scheiterholz im Preis gestiegen war.

Oder, wenn mich das nicht rührte, stach mich etwa wieder der Hafer wie damals, als ich ihm den gemalten Truhendeckel entführte, um eine Bank auf der Wiese zu zimmern? War ich gekommen, um nach dem neuen Sommergast Ausschau zu halten? Nein, auch das nicht. Aber man konnte immerhin ein paar Worte darüber verlieren. Einen Sommergast habt ihr? fragte ich. Tust du dir wieder die Plage an?

Ja, sagte Michael, Therese will es haben, rede du dagegen, wenn sich zwei Weibsleute einig sind! Es ist nur so ein Fräulein, auch wieder einschichtig, und obendrein nicht ganz richtig im Kopf. Täglich holt sie sich zwei Eier, warm von der Henne, das eine trinkt sie aus, und das andere schmiert sie sich ins Gesicht, und jetzt rate einer, wofür das gut sein soll.

Nun ja, sagte ich, das verstehst du zu wenig, Michael. Wenn das Fräulein aussähe wie du und ein Gesicht aus Borkenrinde hätte, dann schlüge sie die Eier wahrscheinlich auch lieber in die Pfanne.

Richtig, sagte Michael, und darauf schwiegen wir beide gedankenvoll.

Nein, dachte ich, so kommst du nie ans Ziel. Du kennst den Alten doch und seinen Geiz, es gehen Geschichten davon um. Man sagt, daß er immer einen Kübel mitnimmt, wenn er eine Kuh auf den Markt treibt, damit er wenigstens den Mist wieder heimbringt, den sie unterwegs verliert.

Sobald ich auf das Lehen zu reden käme, würde er ein Gelächter anschlagen und das Ganze für einen Spaß nehmen; es wäre so, als hätte ich beim lieben Gott selber angeklopft und gefragt, was das Paradies koste. Das Lehen? würde Michael sagen, mein Zulehen möchtest du haben? Ja, das glaube ich dir, das stäche manchem in die Augen!

Und dann lehrte er mich die Kunst, das Lob einer Wiese zu singen, eines Ackerfleckes, eines Krautgartens, und es wäre ein Lehen, das in der ganzen Gegend seinesgleichen nicht hatte.

Am Ende bekäme ich es ja, aber mir bliebe kein Groschen mehr in der Tasche. Wenn ich es recht überlegte, so gab es nur einen Menschen, der dem alten Michael etwas abgewinnen konnte: die Mutter Therese. Draußen in der Küche stand ich höher im Wert als hier in der Stube, das war schon immer so bei Leuten meines Handwerks.

Und darum fragte ich jetzt voll Hinterhältigkeit, ob Michael meinte, daß mir die Bäuerin einen Ableger von ihrem Lavendelstock schenken würde. Weiß nicht, sagte Michael, frag sie selber. Und er ließ mich arglos in die Küche ziehen.

Sprüche wie aus dem Kalender, dachte er wohl, aber nichts dahinter.

Mutter Therese aber war gut und mildherzig wie immer, bei ihr brauchte es weiter keine Künste. Ich setzte mich auf der warmen Herdbank in die Ecke, die Kinder kamen auch herbei, Michael und die kleine Therese. Sie rückten sich ordentlich zurecht, als gäbe es nun eine Geschichte zu hören, und beide sahen mir genau auf den Mund und dann wieder der Mutter, wenn sie etwas dazwischen sagte.

O ja, die drei verstanden mich. Einmal bin ich ja auch so ein Knirps gewesen wie Michael, nur hatten wir es daheim schwerer, uns wuchs das Brot nicht auf dem eigenen Felde zu. Der Vater zog der Arbeit nach, landauf und -ab, und wir hinterher mit unserer ganzen Habe. Es war das noch eine andere, beschaulichere Zeit, viele Leute unterwegs auf den Straßen, die meisten zu Fuß wie wir und gut Freund mit den Schwerfuhrleuten. Und im Hochsommer zogen wir weit in die Täler hinauf, manchmal bis zu den letzten Höfen und Almen und fast bist unter die Gletscher.

Der Vater war ein unverdrossener Mann, immer tätig, immer heiter, und doch reichte es nie für etwas Eigenes, wir waren gleichsam nur zur Miete in der Welt.

Ach, mein Vater, wenn er heimkehrte und müde saß, mit seinem schweren Atem, wenn er mir die Hand in den Nacken legte, wie er es gerne tat, seine rauhe und ruhige Hand — er starb mir ja viel zu früh! Ich war noch nichts, ich fing erst an, in seinem Sinn zu leben, so beharrlich und unverzagt, wie er es mich gelehrt hatte. Und als ich eben sagen wollte: Setz dich hin, Vater, laß es mich jetzt versuchen — da starb er mir. Ständig hatte er zu kämpfen, in alles schickte er sich, wenn sich nur ein Groschen mehr daran verdienen ließ; er war Zimmermann oder Knappe im Bergwerk, war Postbote und Bergführer, dieser besinnliche Mensch, der doch die Ruhe so liebte. Aber bei aller Unrast hatte er zeitlebens nur ein Ziel: ein Gütchen zu erstehen, ein kleines Anwesen irgendwo im Gebirge. Und oft in einer guten Stunde konnte er uns wunderbar beschreiben, wie alles sein würde, das Haus mit dem Brunnen und dem Holunder daneben, wir aßen doch alle so gern süßes Holunderkoch! Und hinten der Stall für die Geißen, den er selber zimmern wollte. Daran freute ich mich immer am meisten, daß wir auch einen Ziegenbock haben würden.

Und Obstbäume natürlich, die im Herbst bis ins Gras herunter voll von Äpfeln hingen, und Blumen von jeder Art, auch Kraut und Rüben und ein Schwein, das von den Rüben langsam fett würde, und endlich einen Hund, so einen großen zottigen Kerl, der das Ganze bewachte.

Wir wußten alle sehr genau Bescheid auf unserem Gütchen und gingen munter aus und ein, wir Kinder, und oft, wenn ich etwas besonders Köstliches erhandelt hatte, einen Türknopf aus Nickel oder eine bunte Gartenkugel, dann legte ich das Ding in meine Truhe und sparte es für das Haus unterm Holunder.

Später verstreute uns ja das Schicksal in der Welt, mich und die Geschwister alle, aber mir blieb das Bild unserer Wunschheimat tief und unverlöschbar eingegraben. Ich mochte auf den Tod krank sein oder sonst elend, ganz verderben konnte ich doch nie, ich mußte ja in die Truhe sparen, und sooft sie auch leer wurde, ich fing von neuem wieder an.

Und jetzt, sagte ich, jetzt ist es soweit, Mutter Therese. Ich könnte unser Lehen kaufen, wenn du mir hilfst.

Ja, ja, sagte Mutter Therese, ich rede nachher mit dem Vater.

*

So weit also geriet mir alles gut an diesem Abend. Es dämmerte aber eben erst, und darum verhielt ich mich noch ein wenig auf dem Anger vor dem Haus. Nicht nur aus Fürwitz, um etwa fremden Leuten in die Fenster zu schauen, sondern weil der neue Sommergast in seiner Stube oben sang, ich höre immer gern singen. Es war freilich nichts Großartiges, nur so ein Geträller hinter den Vorhängen, und nach einer Weile verstummte das auch, leider. Dafür fing ein Geplätscher an, offenbar salbte sich das Fräulein nicht nur, es wusch sich auch ebenso gründlich, und das nahm kein Ende mehr. Es gibt ja wohl Menschen, die sich stundenlang in einer Schüssel voll Wasser vergnügen können.

Sommergäste sind überhaupt merkwürdige Geschöpfe, unergründliche, sie stecken voller Rätsel. Ob sie nun singen oder pfeifen oder im stillsten Wiesengrund sitzen und Marschmusik auf einer höllischen Maschine spielen, einerlei, den Drang zum Geräusch haben alle in sich. Wenn irgendwo ein Vogel auf dem Zaun sitzt, um seine Federn zu putzen, und es kommt ein Sommergast des Wegs, dann schweigt der Vogel und wartet mit seinem Geschäft, bis der Fremde vorbeigegangen ist. Aber der kann nicht schweigen, der muß mit dem Finger auf den Vogel zeigen und einen Schrei ausstoßen: Seht her, ein Kuckuck! Und dann fliegt der Vogel davon und kommt lang nicht mehr. Natürlich, weil ihn das ärgert, er ist gar kein Kuckuck, sondern ein Häher.

Andere Sommergäste wieder sind über alles menschliche Maß hinaus neugierig, besonders die weiblichen, und es gibt fast nur solche, soweit ich mich entsinne. Wo immer ein Kind am Wege sitzt, das eben erst ein wenig krähen kann, gleich wird es in ein weitläufiges Verhör gezogen, wie es denn hieße und wer sein Vater sei, lauter sehr peinliche Fragen.

Das Kind darf ja schweigen und sich sein Teil denken, aber unsereinem ist es weniger leicht gemacht. Zum Beispiel habe ich einmal, als mir sonst nichts einfiel, die Fensterläden an meinem Haus blau angestrichen, alle bis auf zwei im Untergeschoß, die sind braun geblieben. Die Dorfleute regt das nicht weiter auf, sie begreifen, daß einem zur Unzeit die Farbe ausgehen kann oder die Geduld, aber die Sommergäste bringt so etwas außer Rand und Band. Sie sammeln sich vor dem Hause an und beraten die Sache unter sich. Etliche ziehen Schlüsse auf meinen Geisteszustand, auf meine Gemütsart, andere meinen, ich müsse auf jeden Fall ein Mensch von Eigenart sein, und wieder andere bezweifeln das, die raten auf eine völlig zerrüttete Ehe. Und wahrhaftig, es fehlt nicht viel daran, daß sie recht behielten, denn auch die Hausgenossen mischen sich in den Streit und wollen die Schande nicht länger dulden. Ich weiß nicht, vielleicht werde ich tun, was Salomon getan hätte. Ich werde noch ein paar Fenster rot und gelb dazumalen. Dann heißt mein Haus das Regenbogenhaus, und alle sind zufrieden.

Ein anderes Mal, während ich am Schreibtisch sitze, weil mir ist, als käme mich ein Gedanke an, trifft mich plötzlich eine Stimme vom Fenster her in den Rücken.

Hier wohnt er, sagt die Stimme.

Ja, sagt eine zweite. Aber er soll so scheu sein.

Was heißt das nun? Natürlich muß ich sogleich aufstehen und leise zum Fenster schleichen, es war immerhin eine ziemlich treffende Bemerkung. Ich schaue hinaus, und weil das nicht mehr zureicht, stecke ich den Kopf durch das Gitter. Aber in diesem Augenblick dreht sich das eine der beiden Wesen noch einmal um und sieht mich mit gerecktem Hals und lächerlich zerrauftem Haar, ich kann um alles in der Welt den Kopf nicht schnell genug wieder einziehen.

Es gibt freilich auch dreistere, die stehen plötzlich vor der Tür und kichern und stoßen sich an. Nach einer Weile klopft es auch wirklich, und dann knöpfe ich in Gottes Namen den Hemdkragen zu und führe die beiden herein. Die eine hat einen Zettel mitgebracht, damit ich ihr einen Vers darauf schreibe, sie sammelt solche Zettel. Die andere aber, die Hübschere, ist eigentlich nur spaßeshalber gekommen, um mir dabei zuzuschauen. Sie hat überhaupt noch keinen lebendigen Dichter gesehen, immer nur Denkmäler.

Nun, was mich betrifft, ich bin keineswegs aus Stein, sondern ein zugänglicher Mensch. Man darf bei mir in der Stube umhergehen und alles genau betrachten, darf sich in jeden Stuhl setzen und Bilder aus dem Fach kramen, und wenn man einen üppigen Mund hat und winzige Sommersprossen auf der Nase, dann darf man auch Fragen stellen, obwohl mir dabei der Reim wieder entfällt, den ich eben gefunden habe.

Ob ich denn diese vielen Bücher auch alle gelesen hätte?

Einige.

Und wie das eigentlich zuginge, ob ich mich einfach hinsetzte, und schon fiele mir etwas Gereimtes ein? Ach nein, erklärte ich, viel öfter etwas Ungereimtes. Aber die Leute merken es gar nicht immer.

Natürlich, sagt das Fräulein, als habe es ohnehin nichts Besseres von mir und den Leuten erwartet. Und ob ich immer nur Verse machte oder manchmal auch etwas anderes? Ja? Was denn zum Beispiel?

Zum Beispiel diese Uhr an der Wand, behaupte ich, um mir ein neues Ansehen zu geben.

So. Und die Bilder vielleicht auch?

Ja, sage ich zerstreut, denn ich habe den Reim wieder gefunden.

Und diesen Krug auf der Truhe?

Jawohl, erkläre ich, auch den, mein Kind!

Und woraus?

Aus Lehm und Geist, sage ich, und schreibe meinen Vers auf den Zettel.

Aber dann müssen wir beide lachen, denn ich habe schändlich aufgeschnitten, es klebt ja eine Marke unten auf dem Krug.

Nein, sagt die Freundin säuerlich, nein, Liese, du bist entschieden zu vorlaut!

Sie ist die Ältere von den beiden, sie hat keine Sommersprossen auf der Nase.

Das Kind aber verstummt, und ich wende mich auch wieder zu meinem Gedicht, ein wenig betreten. Es ist ja wahr, ich sollte mehr Würde zeigen, das bin ich dem Ansehen meiner Zunft schuldig. Wohin kämen wir, wenn jedes stupsnasige Mädchen seinen Spaß mit uns treiben könnte? Wenn gar die Leute anfingen, bei allem, was wir ihnen zeigen, auch den Boden zu besehen!

Nein, wir dürfen uns nicht zu sehr gemein machen, auch in dem nicht, was sterblich an uns ist. Denn der Gott, der nur einmal merken läßt, daß er eine weniger erhabene Kehrseite hat, der ist auch schon entthront.

Ich bin freilich nur ein kleines Licht unter so vielen Leuchten. Und wenngleich man sagt, es sei kein Heiliger so gering, daß er nicht doch darauf hielte, seine eigene Kerze zu haben, zuweilen ist es mir dennoch viel wert, wenn einmal ein Bauer an mein Fenster tritt und ein paar verständige Worte mit mir redet. Oder wenn sonst jemand kommt, nicht, weil er etwas besonders Tiefsinniges von mir hören möchte, sondern weil er meint, ich sei vielleicht auch ein Mensch, dem Fleisch und Blut lieber ist als Papier und Tinte.

Gut, wenn Gott einem von uns manchmal die Zunge löst, daß er den Menschenbrüdern etwas zum Trost sagen kann. Aber in uns allen ist das Beste stumm.

*

Seit ich mit dem Nachbar Michael einig geworden bin, füllen sich meine Tage mehr und mehr mit Arbeit. Schon am frühen Morgen gehe ich auf meinem Grundstück umher wie ein gelernter Feldmesser, und der kleine Michael ist mir ein tüchtiger Gehilfe. Wir schlagen Pflöcke ein und stellen Latten hier und dort in die Wiese, und dann zielen wir scharf aufeinander über das Fadenkreuz. Denn die Nachbarn täuschen sich, wenn sie meinen, sie würden nun ihren Spaß an dem neuen Bauern haben. Das ganze südseitige Feld vor dem Hause will ich in einen Garten verwandeln. Und übers Jahr sollen den Leuten die Augen übergehen, wenn ich ihnen mein Gemüse zeige oder das Zwergobst oder die Pracht der Sträucher und fremdländischen Blumen. Heu machen kann schließlich jeder, wenn nur der Himmel Gras wachsen läßt.

Ich habe also den Plan sauber mit Pflöcken und Schnüren auf der Wiese abgesteckt, das sah sehr hübsch aus. Man könnte schon darin umherschlendern und sich vorstellen, wie prächtig alles werden würde. Den mittleren Grund will ich einen Schuh tiefer legen, damit sich eine geschützte Rasenfläche ergibt, auf der man liegen oder lustwandeln kann. Zur linken Seite soll ein bewachsenes Mäuerchen laufen, darunter ein Plattenpfad und ein Wassergerinne, und oberhalb werden die Rittersporne stehen, das bunte Volk der Stauden. Zur rechten Seite ebenso, nur daß dort der Weg breiter läuft, mit rotem Kies bestreut bis zu dem Platz vor dem Haus, den ich geräumig halten und pflastern will, für den Fall, daß ich noch einmal zu Geld käme und ein wenig in die Breite bauen könnte.

Ich fange auch gleich an zu graben und den guten Mutterboden durch das Gitter zu werfen. Vorher hebe ich die Grasnarbe ab und schichte sie in sauber gekantete Haufen, das gibt nach Jahr und Tag eine Erde wie Kuchenkrume, so mürb und fett.

Allein, je weiter ich mit der Arbeit vorankomme, desto mehr übermannt sie mich, und das schöne saubere Feld verwandelt sich allmählich in eine trostlose Wildnis von Gräben und Löchern und Schotterhaufen. Es ist eine verteufelte Sache mit dem Schotter, er quillt mir geradezu unter den Füßen hervor, in Unmengen, als sei die ganze Erde mit Sand und Steinen ausgestopft und nur obenauf ein bißchen grün.

Natürlich habe ich damit gerechnet, daß ich auf Schotter stoßen werde, das lag sogar in meinem Plan. Ich will ihn weiter nach vorn karren und den Hügel an der Ostseite des Feldes damit erhöhen. Eigentlich sollen es zwei Hügel werden, mit einem Tal dazwischen, durch das ein Treppenweg läuft. Allein es zeigt sich, daß eben dieser Hügel Sand unter sich hat, und auf Sand soll der Mensch nicht bauen. Er wäre gut für die Wege zu gebrauchen, wenn ich nur die Wege schon ausgeschachtet hätte und wenn dort nicht wieder Schotter läge, den ich auf den Hügel schütten muß.

Und nicht genug damit, manchmal geraten mir auch Findlinge in die Quere, gewaltige Blöcke, von Urfluten hierher getragen, als die Berge noch höher und die Flüsse reißend waren. Ich könnte sie anbohren und sprengen, aber das wäre schändlich an diesen ehrwürdigen Zeugen der Schöpfung gehandelt. Vielleicht kann ich sie später doch im Ganzen heben und in die Mauer fügen. Dann lägen sie wieder im Licht, nach vielen hunderttausend Jahren, und bekränzten sich fröhlich mit dem Geflecht der Mispel, mit Netzweide und Efeu.

Das hat freilich noch gute Weile. Inzwischen wächst die Verwirrung von Tag zu Tag. Ich kann es nicht leugnen, zuweilen schaue ich mit heimlicher Verzweiflung um mich, es sieht aus, als sei ich daran, mein ganzes Lehen in seine Bestandteile zu zerlegen, in Erde, Sand und Schotter, und zuletzt müßte ich den Schöpfer bitten, er möge alles wieder richtig mischen und ebnen und ein Feld daraus werden lassen, wie es vorher war. Und dann gehe ich mit mir selbst ins Gericht. Es kommt alles nur von deiner Ungeduld, sage ich mir, das Prahlen und Großtun kannst du nicht lassen. Du mußt an allen Enden zugleich anfangen, statt bescheiden an einer Ecke, nur damit die Leute am Zaun den Kopf schütteln und raten, was wunder du vorhast.

Aber schließlich fasse ich doch wieder Mut und fülle von neuem Schotter in meinen Karren. Allmählich wird mir ja auch die Arbeit leichter. Ich bin nicht mehr so zerschlagen und schwach im Kreuz, wenn ich Feierabend mache und das Werkzeug zusammenlege.

Und dann der Weg nach Hause, der langsame Trott am Rain entlang, die Daumen eingehängt, die Glieder lässig in matter Ruhe. Der Wind kommt einem entgegen und füllt das schweißnasse Hemd mit seiner Kühle, um nichts in der Welt möchte man schneller gehen. Wenn einem der Todfeind begegnete, würde man die Hand schwenken und ihm auch den guten Feierabend wünschen. Denn es ist jedermann friedfertig und versöhnlich, wenn er sein Tagwerk redlich getan hat. Ich habe sagen hören, die Arbeit sei ein Fluch, sei menschenunwürdig, das grobe Werken mit den Händen. Ist es so? Werden die Leute glücklicher sein, wenn ihnen der Teufel dazu hilft, daß sie einmal aller Mühsal ledig sind? Oder ist etwa die Arbeit selbst ein Gut, eine von den geheimen Gnaden für unser unseliges Geschlecht? Ist vielleicht in den Schweiß das nährende Salz gemischt, das uns den Acker des Lebens immer wieder frisch ergrünen läßt? Daß einer heutzutage arbeiten muß, um sein Brot zu haben, das ist nur ein geringer Mangel. Darin liegt die Schwierigkeit gar nicht, wir werden schon lernen, aus Steinen Brot zu machen. Aber ob uns dieses Brot noch munden wird?

Diesen Zweifel habe ich. Es mag ein törichter Zweifel sein, ich will nicht streiten. Ich bin müde und friedlich gestimmt auf meinem Heimweg.

*

Später hänge ich den Rock um und gönne mir einen gemächlichen Gang durch das Dorf, ich will sehen, ob mein grobes Wurfgitter schon geflickt ist.

Der Tag war heiß, jetzt sitzen die Leute gern noch eine Weile auf der Schwelle, die älteren Leute, denn das junge Volk ist noch munter genug, die Gasse auf und ab. Vor ein paar Jahren zog ich selber mit in der Reihe, ein Mädchen an jedem Arm; ja, das ist vorbei, das bringt kein Sommer zurück. Nicht, daß ich aller Torheit entrückt wäre, zuweilen gerate ich wohl auch noch ein wenig ins Gedränge, aber doch mehr im stillen. Ich gehöre schon zu denen, die lieber unter der Tür hocken bleiben, wenn die Dämmerung kommt. Man war zur selben Zeit jung und wagte die gleichen Sprünge, und darum versteht man sich noch immer, nur ist alles, was einen bewegt, von einer ruhigeren Art, so, daß man es von der Schwelle aus betrachten kann, Händel mit dem Nachbar, Sorgen mit der Frau.

Da treffe ich Christof, den Sägefeiler, bei dem verhalte ich mich gern ein wenig. Wir sitzen nebeneinander auf der Bank und führen ein sparsames Gespräch. In der Jugend nahmen ihn Auswanderer mit, sie dachten, daß er einen geduldigen Arbeiter abgeben werde, weil er so stark und schweigsam und schwerfällig war. Aber da irrten sie, drüben entkam er ihnen und schlug sich allein durch. Viele Jahre lang als Melker auf den Farmen, als Zimmermann bei den Kahnfrächtern, kein Mensch begreift, wie er das fertigbrachte. Freilich trug es ihm auch weiter nichts ein. Er kam zurück, wie er gegangen war, nur ein mächtiger Schnurrbart ist ihm in der Fremde zugewachsen. Den pflegt er nun mit großer Sorgfalt, und beim Kartenspiel hat er seinen Vorteil daran, weil er ihn unmerklich bewegen und seinem Gespan auf diese Weise die Sauen und Trümpfe anzeigen kann.

Drüben, erzählt er gern, drüben halten sie es nicht wie bei uns. Da hängen sie die Kühe im Kreis herum an.

Seht nur, und das ist nun das weite wilde Amerika, dort stehen die Kühe mit den Köpfen beisammen! Christof hat die halbe Welt gesehen, und es war weiter nichts. Überall gab es Rinder, nur standen sie manchmal verkehrt.

Aber ich traue ihm doch nicht ganz. Einmal zeigte er mir ein Kistchen in seiner Kammer, das war nur zwei Spannen lang und dabei so schwer, daß ich es kaum heben konnte. Christof lachte und sagte kein Wort dazu. Vielleicht enthielt diese Kiste wirklich Goldkörner, wie die Rede ging. Vielleicht aber auch nur Schrot, die Leute wissen nicht, was ich weiß.

Ich denke an einen Abend im Herbst, um die Zeit der Hirschbrunft. Ich suchte Pilze am Waldrand, eben bückte ich mich, da knackte es plötzlich in einem dichten Busch vor mir. Ich sah unterwärts hin, aber dann nahm ich den Blick schnell wieder weg, denn dort lag ein Büchsenlauf in einer Astgabel.

Nun dämmerte es ja schon, weit und breit war kein Mensch unterwegs. Und mir ging blitzschnell allerlei durch den Kopf.

Mach kein Aufheben, dachte ich. Es kann ja sein, daß der Mann im Busch zufrieden ist, wenn du nur ruhig weitergehst.

Weiß Gott, das war ein langer Weg über die Wiese, mit diesem Büchsenloch hinter mir. Erst weit unten nahm ich mir den Mut und sprang über den Zaun. Im gleichen Augenblick sah ich einen langen Kerl aus den Stauden laufen, der kam mir bekannt vor.

Ich ging dann ins Dorf, setzte mich vor Christofs Haus auf die Bank und wartete. Nach einer kleinen Stunde kam er auch wirklich langsam die Gasse herauf.

Christof, sagte ich, wo steckst du? Schau her, ich bringe dir Pilze mit.

So, meinte er und sah in meinen Hut. Diesmal hast du aber Glück gehabt, fügte er harmlos hinzu.

Christof ist ledig, er kann keine Frau finden. Bräute hatte er genug, es waren ihrer fünf die Jahre her, wenn ich richtig zähle. Jede lief ihm bereitwillig ins Haus und dachte da Ordnung zu machen und sich allmählich einzunisten.

Das gelang auch im Anfang. Christof zeigte sich gefügig und umgänglich, bis nach der gewissen Zeit das Kind zur Welt kam. Und von Stund an war der Mann wie verwandelt, es half nichts mehr, weder Keifen noch Heulen. Das Kind behielt er, aber die Braut jagte er davon.

Er brauchte sie nicht mehr, oder was sonst der Grund sein mochte, er hatte sie satt, und wenngleich das schändlicher Undank war, man mußte doch zugeben, daß die Kleinen nicht schlecht dabei fuhren, so wie sie der Reihe nach in diesem Sündenhaus aufwuchsen.

Christof hat sie in allen Spielarten um sich, das ist seine Freude: blonde und braune, behäbige und zartere, aber alle durchaus wohlgeraten, die Bräute waren ja auch keine Eulen gewesen.

Der Kinder wegen gab er sogar das Zimmern auf und wählte sich ein häuslicheres Gewerbe, er wurde Sägefeiler. So kann er nun in seiner Werkstatt sitzen und findet Kurzweil genug an dem fröhlichen Leben, das ihm um die Beine wimmelt.

Drüben, sagt er manchmal nachdenklich, drüben hätte ich auch noch etliche...

Ja, das ist Christof, einmal mit Mariechen auf dem Arm, einmal mit dem Finger am Abzug. Ein Kerl ohne Schliff und Bildung dem Ansehen nach, und auch er voller Rätsel, abgründig und zwiespältig. Gutmütig, aber nicht gut, böswillig, aber nicht böse, ein Mensch.

Oder auch nur närrisch wie die alte Helene, die sich sündenhalber auferlegt hat, immerfort laut zu beten und mit niemand ein Wort zu reden, außer mit Gott. Helene ist uralt, aber sie kann nicht sterben, weil ihr ein Engel im Schlaf versprochen hat, er werde sie bei Leib und Leben abholen. Ihr wäre es längst recht, nur der Engel ist säumig, zum Ärger der Gemeindeväter, die für das Zeitliche an Helene sorgen müssen.

Etliche sind wiederum sonst ein wenig verschroben wie mein anderer Freund, der Korbmacher Veit. Der hält es mit den Wissenschaften. Er baute sich ein Fernrohr, brach ein Loch durch sein Dach und fing an, die Gestirne zu erforschen.

Nun liegt es vielleicht daran, daß Veit allerlei Scherben in sein Rohr gebaut hat, Brenngläser und einen geschliffenen Krugdeckel, es mag auch sonst ein Zufall im Spiel sein, ich weiß das nicht. Jedenfalls verschlug es mir die Rede, als ich zum ersten Mal im finstern Dachboden auf dem Rücken lag und als mir Veit mit Schrauben und Hebeln sein seltsames Ungetüm ans Auge brachte.

Ich sah wahrhaftig Sonnen in der Schwärze strahlen, leuchtende Bälle mit farbigen Säumen, auch Bögen und magisch verschlungene Ringe, und alles auf eine verwirrende Weise zitternd und zuckend bewegt. Einmal schienen diese unirdischen Gebilde ganz nah heranzuschweben, und wieder standen sie weit entrückt in einer ungewissen Leere.

Siehst du sie? fragte Veit aufgeregt. Fliegen sie wieder?

Ja, sagte ich beklommen, und dann saßen wir lange im Finstern auf dem Strohsack, und Veit erklärte mir das Wunder.

Es ist der Himmelsboden, sagte er, was du gesehen hast. Die leuchtenden Bälle, die bunten Scheiben sind in Wahrheit Blumen, sind blühende Kräuter auf den jenseitigen Fluren, aber sie sind nicht festgewachsen wie auf Erden, sondern sie wandern umher nach ihrer Art und Ordnung, und natürlich welken sie auch nie, denn es sind himmlische Kräuter. Und dazwischen schwirrt es nun von Schmetterlingen und Mücken und Käfern und allem Getier, an dem die Seligen ihre Freude haben.

Es gibt ihrer unzählige, wie sich denken läßt, nur wenige hat Veit in den Nächten mühsam beim Schein des Talglichtes auf Papier zeichnen können. Später zeigte er mir auch diese Blätter, und ich mußte zugeben, daß ich dergleichen nie gesehen hatte.

Ja, sagte er, es ist eine Gabe. Die Schwierigkeit liegt darin, daß ich eine grobe Hand habe und daß meine Farben nichts taugen. Veit gab seinen Geschöpfen auch Namen, sie heißen Laurentiusbiene oder Josefifalter, zum Lob der Heiligen, und damit er sich den Jahrtag der Erscheinung merkt. So ist er gänzlich in dieser wunderlichen Welt daheim, und ich habe nie das Herz, ihm zu widersprechen, wenn er mir seine Gesichte ausdeutet.

Ich könnte freilich sagen, das sei lauter Unsinn, es seien auch sonst schon Leute daran zuschanden geworden, daß sie die Welt durch einen Krugdeckel betrachteten, und der Himmel habe gar keinen gläsernen Boden, nach allem, was die neuere Wissenschaft lehrt. Vielleicht wäre es sogar meine Schuldigkeit, so mit ihm zu reden, denn er geht längst keiner Arbeit mehr nach, die Frau liegt elend, und den beiden Kindern glänzt der Hunger aus den Augen.

Aber was hülfen Worte? Was halfen sie jemals, wenn ein Mensch vom großen Drang ergriffen wurde? Der Hunger nach Brot läßt sich stillen, der Hunger nach Erkenntnis nicht.

Und schließlich habe ich auch wenig Grund, Narren in die Lehre zu nehmen, mit Weisheit bin ich selber nicht geplagt. Ich streune im Dorf umher, statt meine müden Beine auszustrecken. Stehe beim Krämer im Laden, schwatze und suche Schuhnägel heraus, weil es doch möglich wäre, daß noch jemand käme, um etwas einzukaufen, neue Seife zum Beispiel. Und ich frage sogar beim Postmeister nach, ob ich etwa Briefe für meine Nachbarschaft besorgen könne. Nein, sagt er, keine Briefe.

Gut, so gehe ich jetzt heim. Und dieser Sommerabend mit seiner lüsternen Luft ist mir ganz gleichgültig, der Vollmond auch, und das Grillengezeter und alles.

*

In der Morgenfrühe rücke ich mit Pickel und Brecheisen auf das Feld, ich will versuchen, einen von den Findlingen auszuheben. Ich hab ihn ringsherum freigegraben, wuchtig liegt er in der Grube, ein Riese an Gewicht und Gestalt. Aber das macht mir nichts aus, ich weiß genau, wie ich ihm beikommen werde. Zuerst will ich ihn mit dem Hebebaum aus dem Grund wiegen und auf ein schräges Geleise aus Rundholz kippen, und dann wälze ich ihn allmählich hinauf.

Es ist eine Lust, so tüchtig in der tauigen Kühle zu arbeiten, während rundum noch die Hähne krähen und die faulen Hänse eben erst schlaftrunken aus dem Kammerfenster blinzeln. Nur der kleine Michael ist auch schon auf, gleich nach dem Frühläuten kommt er gelaufen. Ich habe ihn als Handlanger bestellt, und damit er sich die Lehre für sein Leben holt, daß einem Menschen nichts unmöglich ist, wenn er nur seine Kräfte mit Verstand anwendet.

Schnaufend lade ich mir die schweren Schleifhölzer auf die Schulter, und Michael schleppt das Ende mit weichen Knien. Ganz allein mühen wir uns ab, wir sind gleichsam die ersten Menschen hier in der Gegend, die Ursiedler, die Landnehmer.

Und dann ist es so weit, daß ich den Baum ansetzen kann. Ich lege mich gleich mit aller Macht ins Zeug, ho—auf! sagt Michael zu meiner Ermunterung. Das Holz knackt, der Boden gibt nach, jetzt noch einen letzten Ruck!

Er knirscht schon! schreit der kleine Michael. Aber das war mein Schulterknochen, nicht etwa der Findling. Der weicht um keinen Zoll von seinem Platz.

Nun, es kam mir nur auf einen ersten Versuch an. Ich gehe noch einmal rund um den Stein und betrachte ihn genau, um ihn nachher von der schwächsten Seite zu packen. Es ist natürlich nicht so, wie Michael meint, daß er vielleicht Wurzeln unterwärts hat, wie ein Pilz, und selbst dann würde ich ihn mit Stumpf und Stiel aus der Erde reißen. Unverzagt hebe ich den

Baum wieder auf und setze ihn gegenüber an, auf allen Seiten nach und nach. Nein, es fruchtet nichts.

Gut, denke ich, er verläßt sich auf sein Gewicht, das ist aber auch alles, was ihm einfällt. Ich hingegen habe meinen Verstand, oh, ich bin noch lange nicht am Ende. Jetzt hecke ich nämlich eine List aus. Ich schiebe einen Klotz unter die Stange, und dann werfe ich mich mit meiner Zentnerschwere auf das andere Ende.

Knack, sagt die Stange und bricht ab. Michael schlägt ein Gelächter an, aber hier gibt es gar nichts zu lachen. Hier wird ein heldischer Kampf ausgetragen, die uralte Feindschaft zwischen dem Menschen und dem trotzigen Element. Geh nach Hause, Michael, sage ich, bringe eine neue Stange her!

Wahrhaftig, ich bin in Schweiß geraten und in Wut. Ich spucke auf den Stein, so, nun wird es wohl Ernst zwischen uns beiden. Er liegt da, und ich liege da, und wir schauen einander böse an.

Höre, sage ich zu dem Findling, du meinst vielleicht, ich sei bloß ein Maulwurf oder ein Regenwurm, oder was dich sonst zuweilen unter der Erde gekitzelt hat. Aber da irrst du, ich bin kein Wurm, ich bin der Mensch! Der Herr über alles auf der Erde, das weißt du nur nicht. Zu deiner Lebzeit war es noch nicht so. Ich kann dich zu Staub zermahlen und in den Wind blasen, wenn ich will. Und das sage ich dir, wenn du mir die neue Stange auch wieder abbrichst, dann hole ich das Bohrzeug und eine Handvoll Pulver, und du sollst sehen, wie dir wird!

Aber das rührt den Findling gar nicht, er bleibt durch und durch verstockt, ein eiskalter Bursche. Ich habe schließlich Hände, um anzufassen, Beine um sie einzustemmen, und einen Kopf voll Scharfsinn obendrein, er aber ist nichts weiter als rund und glatt und schwer, und damit trotzt er mir. Ach, ich hätte mich gar nicht mit ihm einlassen sollen. Am besten, ich werfe das Loch wieder zu, mag er noch einmal hunderttausend Jahre da unten liegen!

Aber auch das kann ich nicht tun, denn es steht schon die ganze Zeit jemand drüben am Zaun. Ein junger Bursch, wie ich sehen kann, ein Fremder. Wahrscheinlich hat er nichts Besseres zu tun, nach seinen Hosen zu schließen, aber mir ist es unangenehm. Ich lasse mich nicht belauschen, während ich Händel mit einem unbotmäßigen Feldstein habe, und vor allem könnte sich der Mensch seine großartigen Ratschläge sparen. Vorhin, als mir das mit der Stange zustieß, rief er etwas herüber, von einem Flaschenzug, wenn ich recht verstand. Lächerlich! Warum nicht gleich einen Kran oder eine Feldbahn kreuz und quer durch die Wiese?

Nein, auf derlei Geschwätz mochte ich mich gar nicht einlassen. Ich winkte nur bedeutsam mit der Hand, meine Glückwünsche, Mann, zu deinen Ideen!

Da lachte der Bursche und nickte mir zu, und dann trollte er sich endlich davon.

Nun kann ich eine Weile ungestört im Schatten sitzen und mit mir zu Rate gehen, während ich meine Jausenmilch trinke. Ein Flaschenzug, natürlich habe ich auch schon daran gedacht. Ich könnte wirklich ein paar Rollen abdrehen, das wäre weiter kein Kunststück. Wenn ich Glück habe, bekomme ich die neue Wäscheleine aus der Küche, und etliche Stücke Bandeisen fänden sich auch. Und später am Abend, wenn der Mond scheint und niemand mehr unterwegs ist, würde ich ein Gerüst über der Grube aufstellen, eine Art Galgen, den hat der Rebell ja auch verdient. Ich hole Papier aus der Tasche und mache mir einen Entwurf, weil ich nämlich den Flaschenzug gewissermaßen neu erfinden muß. Früher einmal konnte ich so etwas bei Strich und Faden ausrechnen, in meiner besten Zeit. Kraft ist gleich Last mal Weg oder umgekehrt. Ja, aber der Weg war lang, da verkrümelte sich die Kraft allmählich.

Wie ich nun ins Weite schaue, um meine Gedanken zu sammeln, sehe ich wieder diesen Fremden heranschlendern. Er klettert über den Zaun und kommt auf mich zu, auf der Schulter trägt er ein unförmiges Ding, und was ist es? Ein richtiger Flaschenzug. Den wirft er hin. So, da hätten wir ihn, sagt er und zieht seine Hosen herauf.

Jawohl, sogar zwei, einen gestohlenen im Gras und einen redlich erfundenen auf meinem Papier. Soviel ich weiß, hat im ganzen Dorf nur der Müller einen Flaschenzug, und den gäbe er nicht heraus, man schlüge ihn denn vorher tot. Hat der Mensch etwa den Müller umgebracht?

Nein, höre ich, dazu kam es gar nicht, eigentlich hatte der Müller wenig einzuwenden. Und außerdem bekommt er seinen Flaschenzug ja wieder zurück, es sah nicht so aus, als ob er ihn vor dem Abend brauchen würde.

Schön, ich will jedenfalls nichts mit dieser Sache zu tun haben, nachdem ich mein ganzes Leben bisher ohne Raub und Hehlerei bestreiten konnte. Ich bleibe im Grase sitzen und schaue zu, wie der Bursche nun in den Ahorn klettert und den Flaschenzug am ersten Ast festbindet. Dann ordnet er das Seil und legt die Kette an den Stein, und zu all dem kann ich nur die Achsel zucken. Wahrscheinlich fällt der Baum um, denke ich, und erschlägt uns beide.

Aber dieser Stein! Dieser Ausbund von Bosheit! Kaum spürt er den ersten Ruck, da wackelt er schon in der Grube. Vorhin, als ich ihn gut behandelte und väterlich mit ihm sprach, da wollte er nicht hören. Jetzt läßt er sich die Brechstange in die Seite stoßen, läßt sich willig drehen und wenden, mit einem Male ist er federleicht, und nach einer knappen halben Stunde rollt er lammfromm in das Gras. Da liegt er nun in der Sonne, entzaubert und ohne jedes Geheimnis, ein Feldstein, nicht einmal sehr groß. Mit dem Gerüst hätte ich ihn sicher allein gehoben, mit Leichtigkeit. Und das wäre auch die vornehmere Lösung gewesen.

Immerhin, es ging auch so ganz leidlich, und darum spende ich jetzt einen Krug Bier für uns beide. Der Fremde nimmt die leere Milchkanne und den Schilling und geht zum Krämer hinüber. Ich schaue ihm über das Feld hin nach, wie er lässig die Beine setzt und einmal sein falbes Haar aus der Stirn wirft, ich muß sagen, er gefällt mir. Klaus heißt er, das ist ein handlicher Name.

Es wäre gar nicht übel, ihn zum Gefährten zu haben, denke ich. Was läge daran, wenn ich ihn nachher fragte, ob er ein paar Wochen bleiben will. Im Oberstock steht eine Kammer leer, dort könnte er schlafen und hausen, wie es ihm behagt. Man würde ein wenig auf ihn sehen und ihm sein Zeug zusammenflicken, und wer weiß, vielleicht lebte er sich überhaupt im Dorfe ein, er ist Schlosser von Beruf.

Indessen aber hätte ich eine Hilfe an ihm. Nicht unmöglich, daß ich ihn zeitweilig sogar allein lassen könnte, wenn ich einmal anderweitig beschäftigt bin, im Dorf oder in der Nachbarschaft. Auf den kleinen Michael ist ja doch kein rechter Verlaß. Vor zwei Stunden schickte ich ihn um die Stange, und jetzt kommt er endlich damit angekeucht. Ja, es konnte nicht früher sein, weil seine Häsin Junge geworfen hat, und außerdem mußte er warten, bis der Vater in den Stall ging, gutwillig wollte er keine Stange herausgeben. Und das ist eben der Unterschied. Wenn wir uns schon aufs Stehlen verlegen müssen, dann lieber gleich einen Flaschenzug.

Bis zum Abend bringen wir eine Menge Arbeit fertig. Wir graben noch zwei Findlinge aus und ebnen auch schon das Staudenbeet, es geht uns prächtig von der Hand. Wir verstehen einander wie Brüder, Klaus schwatzt die ganze Zeit auf eine gemütliche Art, er steckt voll von Späßen und Geschichten.

In Holland, erzählt er, habe ich eine Zeitlang bei einem Gärtner gearbeitet, und der schickte mich einmal mit einem Sack voll Zwiebeln auf das Feld, es waren Narzissen oder Tulpen, was weiß ich. Unterwegs kam mir ein Mädchen mit einem Schwein entgegen. Mit diesem Mädchen mußte ich dringend reden, aber die Sau war uns im Wege, und darum banden wir sie an meinen Karren. Als wir zurückkamen, war so weit alles in Ordnung, und das Schwein war auch ganz munter, versteht sich, denn es hatte mir den Sack Zwiebeln halb leer gefressen. Weiter kein Unglück, ich fuhr ins nächste Dorf zum Krämer und kaufte andere dafür. Geld hatte ich, und Zwiebel ist Zwiebel, dachte ich mir, wenn es nur ordentlich wächst. Aber das war nicht so, nach ein paar Wochen fing der Gärtner an, auf seinem Feld zu stehen und den Kopf zu schütteln, weil es gar nicht nach Tulpen aussehen wollte, sondern mehr nach Gemüse. Und die Magd war auch wieder um die Wege, aber diesmal hatte sie mit mir etwas Dringendes zu reden. Ja, und da verschwand ich denn lieber zu gelegener Zeit.

Nach dem Abendessen möchte Klaus ins Dorf gehen, um die Sache mit dem Flaschenzug in Ordnung zu bringen. So sauber gewaschen sieht er noch hübscher aus, auch die Schuhe und das Hemd gingen an, nur die Hosen sind erbärmlich zerlumpt, Klaus betrachtet sie selber voll Kummer vor dem Spiegel. Eine Witwe hat sie ihm geschenkt, sagt er, aber der Selige war Dachdecker gewesen, und da weiß man schon, was so einer für Hosen hinterläßt.

Nun, zum Besten bin freilich auch ich nicht damit versehen. Sogar der heilige Martinus wäre in Verlegenheit gekommen, wenn er sein Zeug vom Gürtel abwärts hätte teilen müssen. Es ist merkwürdig, jedes Jahr schaffe ich mir ein Paar Hosen an, und doch habe ich immer nur Röcke im Kasten hängen. Aber eine besitze ich, ein Meisterstück des Schneiders Paul, die ist aus sandfarbenem Tuch nach dem neuesten Schnitt gemacht und so vornehm, daß ich sie nur ganz selten trage, weil auch selten alles Nötige zusammentrifft, ein Feiertag, und Haarschneiden, und ein Besuch, für den es sich lohnt.

Einerlei, Klaus soll sie haben. Eigentlich müßte ich

ja wohl in der Stube Bescheid sagen, allein, bin ich etwa nicht Herr über alle Hosen und Röcke in meinem Haus? Nimm sie hin, sage ich großherzig, aber mach mir keinen Fleck hinein.

Nun sollte man meinen, daß eine so edle Tat auch ihre Früchte tragen müßte. Und doch, mein Glaube an die höhere Gerechtigkeit trübt sich an diesem Abend noch ein wenig. Später hole ich nämlich das Glas aus der Werkstatt, um zu schauen, ob etwa auch in der Nachbarschaft jemand den Einfall hat, noch ein wenig aus dem Fenster zu trällern.

Ach, und da sehe ich drüben ein Paar unter den Bäumen gehen, auf und ab und beinahe schon Hand in Hand. Es sind meine sandfarbenen Hosen neben einem fliederblauen Kleid, es ist Klaus mit dem Sommergast.

Nachts geht mir das sehr nahe. Gibt es noch Treu und Glauben in der Welt? Laufe ich etwa umher und spreize meine Federn? Nein, ich verschmähe das, es ist auch gar keine Kunst, in solchen Hosen Eindruck zu machen. Ich trage mich schlicht, seit Wochen arbeite ich wie ein Mönch auf meinem Feld und blicke nicht rechts und links, und wenn Besuch zu mir käme, könnte ich ihm gar nicht immer die Hand geben, weil sie schwielig ist und voll Erde. Er aber, der Freund, der Kamerad?

Oh, ich hätte mich rächen können! An den beiden vorüberschlendern und beiläufig ein paar Worte hinwerfen: Nun, Klaus, wie trägt sich die Hose? Ein bißchen ungewohnt? Nun ja, das gibt sich mit der Zeit.

Und dann den Hut ziehen: Guten Abend, Fräulein! und vorübergehen.

Das säße, dann wäre ein Geflüster hinter mir her: Was meinte er, wer war das?

Nun, der Herr war es, der Brotherr.

Aber was liegt mir daran! Wenn Klaus morgen die Hose etwa wieder in den Kasten hängen will, dann soll er sie geschenkt bekommen. Ich werde mir lieber eine neue machen lassen, eine mit Stulpen unten herum, wie man sie in allerjüngster Zeit trägt. Wenn ich es recht überlege, so ist diese ohnehin kaum noch fein genug für meinen Umgang.

Allein, Klaus kommt am Morgen auf das Feld, als sei nichts weiter vorgefallen, er merkt die längste Zeit gar nicht, daß hier jetzt ein anderer Wind weht. Es ist aus mit dem Flanieren und Späßemachen, von nun an soll wieder ein strenges, ein ernstes Tagwerk getan werden. Ein paarmal schaut mir Klaus erstaunt unter den Hut, und dann schweigt er auch. Schade, denkt er wahrscheinlich, wir könnten es kurzweiliger haben.

Und das ist wahr. Der Tag geht so hin, eintönig mit Schaufeln und Karrenschieben, es verdrießt mich ja selber. Nach der Mittagsrast fange ich an, das Mäuerchen zu bauen. Aber auch das lasse ich gleich wieder, bauen kann man nicht mit so einer Unlust im Leibe.

Ich habe eine Vorliebe für Mauern, auch für Zäune, es liegt wohl in meiner Natur, daß es mir wohltut, wenn sich das Innere sauber vom Äußeren scheidet. Und vor allem sind mir Steine lieb. Es ist schon eine Freude, sie nur zu betrachten, ihre Farbe und Zeichnung, und wie sie aus vielerlei Ursachen ihre Form gewannen.

Das Mauern ist eine Schule der Weisheit, des geruhigen Denkens. Jeden Stein wendet man um und um und betrachtet ihn sorgfältig, ehe man ihm mit dem Hammer Gewalt antut. Er mag noch so sperrig sein, gewinnt man ihm nur erst die richtige Seite ab, dann fügt er sich leicht in das Ganze. Denn es liegt ja niemals an den Steinen, wenn das Werk gut oder schlecht gerät, sondern an deiner Art, mit ihnen umzugehen. Dazu ist vor allem Geduld nötig, und Einsicht, und die Ruhe des Gemütes, die von der Einsicht kommt.

Das sind goldene Worte. Indessen ist mein Groll verraucht, ich möchte gern Frieden schließen, mit dem Kameraden und mit meinem törichten Herzen auch. Das Herz weiß ja Bescheid, aber Klaus nicht. Manchmal lächelt er träumerisch und bewegt die Lippen, ich kenne das. Nach Feierabend wird er sein Essen hinunterschlingen und wird sich sacht aus der Tür drükken, schön herausgeputzt und mit einer Nelke auf dem Hut.

Aber so wunderlich sind junge Leute, wenn sie die Liebe plagt: an diesem Abend bleibt Klaus daheim. Er bittet sich Werkzeug aus, den Schraubstock und eine Feile.

Was willst du machen? frage ich.

Ach, nichts Besonderes, eine Kleinigkeit, sagt Klaus zurück, und dann verschwindet er in seiner Kammer.

Lange höre ich ihn oben hämmern. Ich muß schließlich mahnend an die Decke klopfen, es ist Schlafenszeit.

*

Schlafen kann ich freilich trotzdem nicht. Alle Fenster sind offen, vielerlei Geräusche dringen herein, die Stimmen der nächtigen Welt, und die Luft ist frisch und bewegt, als läge man frei unter dem Himmel. Das Wasser rauscht unten im Tal, verebbend und wieder anschwellend im sachten Wind. Einmal schlägt ein Hund an, etwas raschelt im Apfelbaum und fällt ins Gras, und manches ist gar nicht auszumachen, ein ungewisser Klang, vielleicht ein Ruf von ganz weit her. Und plötzlich, sehr laut und nahe ein anderes Geräusch, das Knirschen von Schritten vor dem Haus. Sie kommen heran, verhalten einen Augenblick unter dem Fenster und verlieren sich zögernd. Wer mag da noch unterwegs sein, auf so leichten Füßen?

Eine Weile später stehe ich auf, schlüpfe in den Mantel und setze mich unten vor die Tür, ohne rechten Grund, nur so, vielleicht bringt mir die Kühle den Schlaf.

Da lehne ich am harten Holz und schaue in das bewegte Gewölk am Himmel, ich bin nicht heiter und nicht traurig, nur ganz allein, und vor mir steht die Nacht, die dunkel gefiederte. Und wieder einmal geschieht es, daß ich mich allmählich aus mir selber löse. Ich fühle, erkenne mich gleichsam als ein Ding unter andern Dingen und bin mir zugleich unbeschreiblich fremd. Nie werde ich ausdrücken können, wie seltsam und beklemmend diese Empfindung ist, sie geht auch immer schnell vorüber. Aber genau erinnere ich mich der Stunde, in der mir das zum erstenmal zustieß. Ich war im Bubenalter, saß in der Schulbank und die Kinder um mich, und alles war wie sonst. Und mit einem Male wurde mir bewußt, daß ich gewissermaßen doppelt vorhanden war. Ich hörte, wie ich laut aufschrie, ich sah mich selber Hals über Kopf dem Lehrer in die Arme rennen, und dann war es vorüber. Etwas löste sich in mir und verrieselte sacht.

Wie unbegreiflich ist das alles, denke ich, wie gebrechlich das Triebwerk des Lebens hinter deiner Stirn, immerfort in Gefahr, von den ungeheuren Kräften überflutet zu werden, die im gewaltigen Ganzen wirken. Und vollends dein Herz, erfüllt vom Spiel der Empfindungen, eine andere Welt als die aus Geist und Stoff, aber gleich wunderbar in ihrer geheimen Ordnung und nicht weniger weiträumig. In der bittersten Not, im Grausen der Feldschlacht überkamen dich Augenblicke einer Verzückung, die nicht mehr irdisch war. Und ein anderes Mal sangst du fröhlich mit den Freunden; oder du lagst bei der geliebten Frau und plötzlich fiel dir das Herz in einen Abgrund schwarzer Traurigkeit. Nichts ist gewiß, und wo das Wissen anfängt, steht der Tod.

Ich schrecke zusammen, die Treppe kracht hinter mir. Klaus kommt herunter, aber ich sehe gleich, daß er nicht weggehen will, und darum mache ich ihm Platz auf der Stufe. Lange sitzen wir schweigsam nebeneinander, einmal steht Klaus auf und trinkt vom Brunnen und kommt wieder zurück.

Bist du fertig mit deiner Arbeit? frage ich.

Nicht ganz. Er muß sich nach einer Lötlampe umsehen.

Ja, nimm sie dir! Übrigens, sage ich, es darf dich nicht stören, wenn es manchmal im Hause klopft. Das sind die Mäuse unter den Dielen.

Klaus schaut mich verwundert an. Ja? sagt er. Vorhin dachte ich mir so etwas.

Was ist es mit uns beiden, worauf warten wir? Etwa doch auf den Schritt, der unterm Fenster zögerte, und daß er vielleicht wiederkäme?

Aber nach einer stillen Weile fängt Klaus zu reden an.

Gut hat man es hier, sagt er. So friedlich. Und er zeigt mit der Hand, was er meint, die ebenen Wiesen, den sanften Schwung der Berge dahinter. Ich verstehe ihn, er möchte ausdrücken, wie ruhevoll alles ist, was sich im bloßen Sein genügt. Der Berg liegt da und ist ein Berg, er will nicht in den Himmel wachsen und keine neuen Berge gebären. Oder der Baum vor uns auf dem Felde, dieser schüttere Eschenbaum, wenn man den betrachtet, nichts zeichnet ihn aus. Der Vogel Zufall trug den Samen hin, da wuchs er, hatte Sonne und Regen, gute und böse Jahre, und wurde keine Wundereshe, sondern eine gewöhnliche, an die niemand einen Blick verlieren mag. Sie ist einfach da, das ist genug. Gott allein weiß, wofür, wenn Gott überhaupt seine Welt so lenkt, wie wir unsere Händel treiben.

Unsereiner, sagt Klaus, ein Mensch wie ich, der achtet darauf zu wenig. Das Leben ist kurz, hört man, und mehr solcher Sprüche. Ja, aber wenn dich hungert, wird dir die Zeit schon lang. Da rennst du durch die halbe Welt um dein Futter, fragst nach nichts anderem mehr. Solange man jung ist, tröstet man sich ja leicht, man meint von Jahr zu Jahr, nun sei der Jammer überstanden und vorbei, nun käme es erst, das, weswegen man lebt.

Aber es kommt nichts, und dann fängt man zu fragen an. Warum? fragt man, wofür? Landstreicher werden ja nicht geboren, man hat auch einmal ein Daheim gehabt, der Vater war Dienstmann auf dem Bahnhof in der kleinen Stadt. Brachte sich eben so durch mit den sechs Mäulern um den Tisch, war froh, als er den Ältesten endlich fragen konnte, was er werden mochte, beim Schlosser sei ein Lehrplatz frei.

Schlosser werden? sagte man. Ja, Vater, sagte man. Schwer wurde einem doch nur das Fortgehen, wohin, das war schon einerlei. Und dann kam es gleich knüppeldick, der Meister war ein Schinder, soff und stieß einen im Rausch mit dem Feilenheft. Essen auf dem Spültisch, Schlafen unter der Feilbank, und immer müde und verzweifelt, versteht sich, so ein Knirps. Und eines Nachts lief man davon, lief heim.

Aber der Vater war mit einem Male kein Vater mehr. Früher hatte er oft ein gutes Wort für seinen Buben, jetzt überschrie er alle Klagen und verfluchte ihn und die ganze übrige Brut. Und die Mutter, ach ja, die konnte auch nicht viel helfen. Ein wenig streicheln, bis das Ärgste vorüber war, und dann suchte sie den größten Apfel in der Kammer, und den steckte sie einem zum Trost in die Hosentasche, mehr hatte sie nicht.

Am Morgen kam man wieder in die Werkstatt geschlichen. Und man hielt wirklich aus, drei höllische Jahre, nie wieder wollte man dem Vater unter die Augen kommen, ums Sterben nicht. Man meinte, nun sei man wenigstens nicht mehr der Allerletzte. Aber der Meister nahm nur wieder einen Lehrling auf, den neuen Gesellen ließ er gehen.

Gut soweit, das machte dir keine Sorgen, irgendwer in der Welt würde doch einen Schlosser brauchen können. Du nahmst jede Arbeit, die sich fand, und den Sommer über ließ es sich gar nicht übel an, in der Bauzeit. Du konntest sogar ein flottes Leben führen, ein freies, aber es war trügerisch. Es kam ja doch der Tag, an dem nichts mehr glücken wollte.

Zuletzt saß man allein auf einer Bank in der Stadt, und da wurde einem plötzlich klar, daß man eigentlich schon von jeher beim Zufall in der Kost stand. Vorher dachte man, es käme nur darauf an, daß man nicht zu viel söffe und nichts an die Weiber hinge, dann werde man immer wieder ein Loch offen finden, wenn das andere zufiel. Aber es war nur Glück, und das drehte sich jetzt. Nach ein paar Wochen lebte man nur mehr, weil das Krepieren immer noch ein bißchen schwieriger war.

Diese erste Zeit, sagte Klaus, die muß man überstehen. Später schickt es sich wieder. Für die Welt, aus der du kommst, bist du ja tot, ausgelöscht, verschollen, aber nun trittst du in eine neue ein, du entdeckst die große Bruderschaft derer, die es verstehen, auf anderer Leute Kosten zu leben, nicht mit ihnen, sondern gewissermaßen dazwischen. Du wirst in das Ordenshaus aufgenommen, es ist die Straße von einem zum andern Ende der Welt. Du trägst auch die Tracht und lebst nach der Regel, die heißt: Schluck hinunter!

Es ist ein harter Orden, nichts für schwärmerische Gemüter, und die Brüder führen auch kein gottseliges Leben. Aber wo immer du einen triffst, er hat ein Wort für dich, einen Rat, einen Wink, den du brauchen kannst. Auf den ersten Blick sieht er, was dir fehlt und daß du neu auf der Straße bist. Denn eine andere Regel lautet: man darf den Schinken verschweigen, aber den Rauchfang nicht, in dem er hing.

Aber manchmal, sagt Klaus, zuzeiten packt dich ja doch die Verzweiflung an. Verhungern kannst du nicht,

du lebst sogar ganz gut, und dennoch, ob dir wohl ist
oder weh, im Grunde bist du ganz allein. Die weite
Welt gehört dir, alle Straßen der Welt, aber nicht
der kleinste Platz, auf dem du bleiben und ruhig leben könntest. Schluck hinunter, Klaus, geh weiter!

Und einmal kommst du doch in die kleine Stadt
zurück, zufällig oder nicht, du schlenderst durch die
vertraute Gasse und schaust verstohlen zu den Fenstern hinauf. Es ist alles noch da, sogar die Blumentöpfe erkennst du, das Wetterhäuschen. Im Vorbeigehen streifst du mit einem Nagel an den Gitterstäben
des Gärtchens entlang, um zu hören, ob sie noch so
klingen, fast wie ein Liedchen. Und dann geht die
Tür auf, und ein Mann kommt heraus mit der roten
Mütze und dem blauen Schurz, wie du ihn kennst,
nur viel kleiner kommt er dir vor, ach Gott, ist der
Vater alt geworden! Wenn er sich umschaut, denkst
du, davonlaufen wirst du nicht. Aber er schaut sich
gar nicht um, langsam trottet er die Straße hinunter
zum Bahnhof, ein bißchen krumm, ein bißchen lahm
in seinen Röhrenstiefeln. Du läßt ihn um die Ecke
gehen, dann läufst du ins Haus und die Treppe hinauf und klopfst an die Tür. Klopfst noch einmal,
horchst, es rührt sich nichts. Dafür kommt die Nachbarin heraus, eine fremde Frau, die schenkt dir einen
Groschen. Aber nebenan wird nichts zu holen sein,
sagt sie. Die Alte ist immer kränklich, die macht für
niemand mehr auf.

So, sagst du, für niemand.

Eine Weile stehst du da und überlegst, aber dann
weißt du auch nichts mehr zu reden, du gehst wieder.

Ja. Und viel später, ein halbes Jahr danach, trinkst

du einmal irgendwo von einem Brunnen, da kommt eine alte Frau mit dem Eimer gegangen. Sie erinnert dich an jemand, der Schritt, das welke Gesicht, darum greifst du zu und trägst ihr das Wasser bis zur Tür. Sie deutet stumm, daß du warten sollst, und dann bringt die alte Frau einen Apfel heraus, in ein Zeitungsblatt gewickelt, den schiebt sie dir in die Tasche. Du sagst danke und gute Nacht, Mutter, und gehst weiter.

Später rastest du auf einem Schotterhaufen, kaust an deinem Apfel und liest in dem Fetzen Papier, eh du ihn wegwirfst. Und auf einmal ist dir dieses zerknitterte Blatt viel wert, du streichst es sorgfältig auf den Knien glatt und steckst es in dein Hemd.

„Nach langem Leiden", steht zu lesen, nach langem Leiden nahm sie Gott zu sich. Daran hast du eine Weile zu tragen, das würgt dich ein wenig im Hals. Genoveva hieß sie, das hast du gar nicht mehr recht gewußt, es nannte sie ja niemand so. Noch gut, daß wenigstens auch dein Name darunterstehtt, Klaus als Sohn, tieftrauernd hinterblieben.

Eine Weile schweigt mein Kamerad. Ich möchte ihm gerne etwas zum Trost sagen, aber er schüttelt schon selber den Kopf. Geht auch vorüber, meint er. Nur, man fragt sich in so einer Stunde, was für einen Sinn das alles hat. An den Herrgott glaubt man ja längst nicht mehr, das kannst du von einem Menschen nicht verlangen, der so leben muß wie unsereins. Man hat zu viel gesehen, verstehst du, zu viel Unrecht, zu viel sinnloses Unglück bei allem, was lebt und eine Seele hat oder keine, das ist schon einerlei. Am Ende gibst du es auf, herauszubekommen, was Gott damit meint, wenn er dir einen Prügel zwischen die Beine wirft.

Nichts, kann ich dir sagen. Wer sein Futter hat und im Warmen sitzt, für den ist es gut, wenn er genau weiß, was recht und schlecht ist, dem ist es ein Nutzen. Aber wer sich nur so durch den Wind schlagen muß, wer nicht sicherer lebt als ein Hase im Bruch, der braucht ein anderes Maß. Der nimmt sich selbst und den ganzen Jahrmarkt nicht mehr so wichtig.

Recht oder schlecht, genauer besehen, ist das so viel wie klug oder dumm. Das Grübeln gibst du bald auf, wenn du erst merkst, daß du deinen Verstand so nötig hast wie der Hase seine Läufe, nämlich zu dem gleichen Zweck.

Ja, Klaus hat herausgefunden, daß die meisten Übel von der Dummheit herstammen, von der eigenen oder vom Unverstand der anderen, im ganzen ist das kein Unterschied. Und wer es weiß, der fährt nicht schlecht, solange sich sonst nichts dazuschlägt.

Was zum Beispiel? frage ich.

Aber darauf antwortet Klaus nicht mehr. Wir sehen einander an und lächeln, und dann schauen wir beide wieder den Weg hinunter, der sich ein paar Schritte vor uns im Dunkeln verliert.

Es ist kühl geworden. Klaus steht zuerst auf, er streckt sich und geht ins Haus zurück, nun ja, sagt er, gute Nacht. Im hellen Flur sehe ich, daß er eine Nelke in der Hand trägt, aber keine von unseren, sondern eine weiße. Mir war doch vorhin, es läge etwas auf der Brunnensäule, als Klaus hinging, um zu trinken.

*

Wir fangen an, die beiden Hügel an der Ostseite der Wiese aufzuschütten. Klaus verstand mich sogleich, als ich ihm aus Lehm ein kleines Abbild meines Planes entwarf. Aber er ist stürmischer als ich, großzügiger, Klaus hat viel Merkwürdiges auf der Wanderschaft gesehen. Die Welt ist voller Wunder, sagt er, das zeigt sich erst, wenn man sie hintenherum betrachtet. Grotten schildert er mir, wie er sie an südlichen Küsten sah, mit blauem, grundlosem Wasser darin. Oder Schluchten im einsamen Gebirge, wahre Höllenabgründe voll Dampf und Finsternis, und anderswo wieder Rebenberge und Brunnen unter Zypressen, oder eine Felsnadel, die er einmal am Strand entdeckte und die einer nackten Frau glich, bis ins kleinste getreu.

Und manches davon könnten wir auf unseren Hügeln nachbilden, meint Klaus, dieses Frauenbild zum Beispiel oder eine Grotte aus Tuffsteinen, das würde sich prächtig ausnehmen. Vielleicht auch ein Wasserrad mit beweglichen Figuren, so etwas könnte er leicht machen. Einmal, erzählt er und sieht ganz glücklich dabei aus, einmal hat er für die Kinder des Meisters eine vollständige Schmiede aufgebaut, mit einem Gesellen beim Schwanzhammer und einem Lehrbuben, der den Blasbalg zog, und wenn das Wasser lief, bewegte sich alles.

Schön, jawohl, ich kann es mir vorstellen. Aber eigentlich möchte ich doch kein Frauenzimmer im Garten haben, wenigstens kein steinernes. Und auch nicht ein Gebirge mit schroffen Gipfeln und Graten, darauf kommt es mir weniger an, sondern ich will eine mehr trauliche Landschaft bauen. Etwas von allem, was mir einmal lieb war, was mich zu irgendeiner

Zeit meines Lebens trösten oder im Herzen bewegen konnte, möchte ich hier wiederfinden. Da wäre zum Beispiel die flache Sandmulde, die ich aus frühesten Kindertagen noch getreu vor Augen habe, mit allen ihren Gerüchen und Geheimnissen. Sie lag hinter dem Haus, der Schmied warf die Hufspäne und den Abfall seiner Werkstatt hinein, und oft, wenn ich in meinem Kinderkittel dort saß, flog mir plötzlich etwas Wunderbares zu, ein goldener Nagel von einem Kummet, ein schöngeringelter Bohrspan oder ein blankes Ende Draht. Es ist ja wahr, ich könnte wohl nicht wieder im Sande wühlen und Rindenhäuschen bauen und meine Schätze in armtiefen Höhlen vergraben. Aber ich denke mir, wenn mein Gemüt einmal arg verdüstert wäre, und ich stünde dann vor dieser Grube, spürte die Wärme wieder an den Beinen, sähe die schütteren Gräser und was dort mühsam wüchse und dennoch blühte, so wäre mir gewiß gleich wohler ums Herz. Denn es wird uns zuweilen Trost geschenkt aus einer fernen Zeit, in der die Welt noch einfach für uns war, von keiner Schuld des Wissens und des Irrens verdunkelt.

Ich möchte auch einen kleinen Wassertümpel am Fuß des Hügels haben. Wasser liebte ich schon immer mit heimlichem Grauen, und besonders die kleinen Tümpel. Ein gemütlicher Frosch müßte mit seiner dikken Frau darin wohnen, und wenn ich mich durch das Schilf schöbe und in die Tiefe schaute, könnte ich wieder die seltsam wehenden Pflanzengespinste sehen, die Raubkäfer und die unheimlichen Larven der Wasserjungfern. Einmal schnitt ich mich furchtbar am Schilf, die Fingerkuppe hing nur noch an einem Fädchen Haut, aber sie heilte doch wieder an. Und das ist mir noch heute eine Hilfe, weil ich aus dunklen Gründen manchmal rechts und links nicht unterscheiden kann, ohne nach dieser Narbe zu fühlen.

Und dann die Treppe. Aus unbehauenen Steinen gefügt, soll sie sich zwischen den Hügeln hinaufwinden, ein Gleichnis, ein Inbegriff aller Treppen, die mich im Leben zu manch einer Schicksalswende führten.

Stufen. Es gab welche, die ich im Sturmlauf der Jugend übereilte, aber alle schritt ich bedächtiger wieder hinab. Auf anderen floh ich im Pesthauch der Geschosse vor dem Tod, und wieder andere brachten mich, den Genesenden, ins heitere Leben zurück. Aber mir ist, als hätte ich auch im geistigen Bereich viele Stufen zu überwinden gehabt, wie denn überhaupt mein inneres Leben nie stetig weiterfloß, sondern sich gleichsam in Absätzen steigerte, so daß ich von Schritt zu Schritt und immer wieder meine ganze Kraft versammeln mußte, um weiterzukommen.

Und darum soll meine Treppe auch nicht kahl und unfruchtbar bleiben, ich will sie über und über mit Kräutern bepflanzen, mit Steinbrech und Thymian, mit Raute und Ehrenpreis, je nachdem sie Schatten oder Sonne, Enge oder Weite lieben. Und oben auf dem kleinen Hügel soll die Treppe in einen Ruheplatz münden, auch aus Steinen gefügt. Aber auf den größeren Hügel gegenüber soll kein Weg führen. Dorthin will ich einen Ginsterbusch pflanzen, damit in jedem Frühjahr ein gelbes Feuer auf dem Gipfel brennt, und auch sonst soll an dieser Stelle alles ungestört wachsen, was etwa an wildem Samen zufliegt.

Denn ich habe immer schon meine Freude am Betrachten des Gewöhnlichen und Unscheinbaren gehabt. Wenn ich unterwegs war und einmal rasten wollte, so fand ich selbst noch um einen nackten Meilenstein sogleich eine Gesellschaft liebenswerter und einfältiger Geschöpfe versammelt, und immer war eins und das andere darunter, das ich nie zuvor gesehen hatte.

Ich weiß, die Freunde werden kommen, werden meine Sandgrube betrachten, den Froschtümpel und die zugewachsene Stiege, und wenn ich dann verstockt bin und ihrem Kopfschütteln mit meinem Trotz begegne, werden sie sagen, sie hätten ja immer geahnt, daß es einmal so enden würde. Das könne nicht anders sein bei einem Menschen, der hartnäckig seine eigene Weise singen und sich im Beschränkten genügen wolle. Habe ich jemals von etwas anderem als von Gräsern und Käfern zu erzählen gewußt, von den Wiesen und Äckern im nächsten Umkreis oder von Tagelöhnern und kleinen Kindern? Und der Welt habe ich weisgemacht, was wunder daran sei, als ob die Leute noch gar nicht wüßten, daß das Gras ohne Nachdenken wächst und ein Tagelöhner eben auch seine Flausen im Kopf hat.

Aber die Zeit? Der Geist unseres Geschlechtes? Unsere gewaltigen Errungenschaften? Darauf wußte ich mir nie einen Vers zu machen.

Laßt es gut sein, Freunde, das alles verfängt nicht bei mir. Meine Gräser stehen freilich seit Urväterzeiten gleich auf dem Halm, sie haben inzwischen nichts dazugelernt. Allein, denkt ihr denn, es hätte sich das Menschenwesen so sehr verändert? Wenn einer der Vorväter wieder aufstünde, und er wüßte so wenig von der neueren Geschichte wie ich von der alten, so verstünden wir einander doch gewiß in allem, was ein Menschengemüt bewegen kann. Über manche Dinge wüßte ich wohl gründlicher Bescheid, aber wahrscheinlich fände sich bald, daß wir in so viel tausend Jahren nur wenig besser, wenig weiser geworden sind, geschickter vielleicht, findiger, aber weiser nicht. Die alten Rätsel sind noch alle ungelöst. Es kann auch nicht lauter große Lichter geben, seht, die großen leuchten ja weithin, aber die kleinen wärmen. Nehmt mir's nicht übel, wenn ich keine neue Wahrheit zu verkünden habe, sondern in einemfort dasselbe sage, wie es eben von einem Menschen zu erwarten ist, der schon lange still vor sich hinlebt. Dann und wann schlägt sich wohl doch einer von euch auf meine Seite und verachtet es nicht, eine Weile meiner Binsenweise zuzuhören.

*

Nein, mag die Freundschaft sagen, was sie will, ich baue dennoch meine beiden Hügel. Klaus fährt den Schotter heran, und ich verteile ihn mit dem Rechen. Von Zeit zu Zeit springen wir hinunter und betrachten unser Werk, es ist gar kein Zweifel, daß die ganze Gegend ein besseres Ansehen gewinnt. Und stehenden Fußes erfinde ich etwas Neues: Ich werde hinter dem Sitzplatz einen Fahnenmast aufstellen, eine himmelhohe Stange, und bei festlichen Anlässen soll eine knallende Flagge gehißt werden, verschieden nach Farbe und Zeichnung, mit einem schwarzen oder roten Herzen, wenn ich etwa insgeheim einen Jahrtag zu feiern habe. Oder ein fröhlich gezacktes Tuch, wenn Besuch kommt, wie eben jetzt.

Der Sommergast klettert nämlich über den Zaun.

Darauf bin ich leider gar nicht vorbereitet. Mein Hemd ist schon fünf Tage alt und mein Bart auch, und nicht einmal eine Blume habe ich zur Hand, um den Gast damit zu begrüßen.

Aber das Fräulein ist deswegen nicht verstimmt, nein, sie findet es hübsch bei uns, gleich möchte sie auch oben auf dem Hügel sitzen. Und da zeigt es sich, daß ich wieder einmal eine Nasenlänge hinter Klaus zurückbleibe, er hat wohl überhaupt die bessere Nase, sofern da alles mit rechten Dingen zugeht. Schon am Morgen wunderte ich mich, weil er seinen Rock nicht wie sonst zu Hause ließ, nun kann er ihn auf dem Schotter ausbreiten und einen Sitzplatz für das Fräulein zurechtmachen. Auch gut, wenn sie damit vorliebnimmt. Ich würde einer Dame nicht zumuten, auf einem verschwitzten Rockfutter zu sitzen.

Das also sei der Garten, von dem das ganze Dorf rede, sagt der Sommergast und schaut sich um. Eigenartig. Nur ein wenig kahl, aufrichtig gesagt, das Fräulein hat mehr Grünes erwartet, mehr Blumen. Aber davon verstünde sie wohl zu wenig. Das sei vielleicht gerade das Besondere daran, so ein Stück Wildnis mitten in der schönen Natur.

Nein, erkläre ich eifrig, es liege nur alles noch in den Anfängen. Das, was das Fräulein eigenartig nannte, käme noch gar nicht recht zur Geltung. Zum Beispiel dächte ich daran, dort drüben einen Weiher anzulegen, es ist mir selber neu, aber dahinter müßte ein kleines Gehölz von Birken und Trauerhaseln stehen, die dann schwermütig über das Wasser hingen. Und quer durch den ganzen Grund flösse ein Bach in vielen Windungen. Ursprünglich hatte ich einen Rasenplatz im Sinn, aber eine üppige Kräuterwiese wäre doch hübscher, mit einem Wässerchen darin, man müsse sich nur Sommerkleider dazu denken, getupfte oder geblümte, so ganz lose Kleider im Wind.

Dieser Hügel hier ist übrigens der Flaggenhügel. Schade, daß der Mast noch nicht steht. Heute müßte zum erstenmal eine Fahne wehen, die schönste und blaueste von allen zwanzig oder dreißig, die ich in der Truhe haben werde.

Aber im Augenblick besitze ich leider auch nicht die kleinste Flagge, weder Weiher noch Bach. Nur Träume und Hirngespinste kann ich zum besten geben, und die sind bei weitem nicht so aufregend wie zum Beispiel das alberne Kunststück, kleine Kiesel etliche Schritte weit in den leeren Milchkrug zu werfen.

Klaus kann das. Er nimmt ein Steinchen und schnellt es weg, und schon tanzt es klirrend in den Bauch des Kruges. Der Sommergast schaut zu und möchte es auch versuchen, aber es gelingt nicht — mir vielleicht?

Ich zucke die Schultern. Kaum aufs erstemal, sage ich, und so meint das Fräulein auch. Es ist unbegreiflich, wie Klaus es anstellt, nie zu fehlen. Wetten? sagt Klaus. Wetten wir, daß er trifft? Ja, was soll es gelten?

Ach, nicht zu wenig, einen Wunsch. Wer verliert, muß dem andern einen Wunsch erfüllen.

Einen Wunsch, wiederholt das Fräulein. Jeden? Ja, natürlich, jeden.

Klaus sagt das harmlos und leichthin, aber dabei versteckt er ein freches Lächeln in seinen Mundwinkeln, und plötzlich bekommt das Fräulein blitzende Augen und will nichts mehr von einer Wette wissen, nein, Schluß mit dem Unsinn.

Mir ist ja auch, als hätte Klaus eine Zurechtweisung verdient, obwohl ich noch nicht recht begriffen habe, wofür. Allein, es schlägt ja nichts bei ihm an. Er tändelt weiter mit seinen Kieseln und überläßt es mir, das Gespräch wieder in Gang zu bringen.

Ich wollte, es fiele mir jetzt etwas sehr Feines, Bedeutendes ein. Aber vergeblich, ich komme nur von neuem auf meinen Garten zu reden. Wie merkwürdig ist es eigentlich, sage ich, daß der Mensch diesen Drang in sich hat, fremdes Leben in Besitz zu nehmen, zu hegen und zu betreuen, es ist ein förmliches Bedürfnis, ein mütterlicher Trieb in jedem von uns. Schwer zu erklären, was ich damit meine. Vielleicht muß ich weiter ausholen und eine Geschichte erzählen, nein, eine Geschichte ist es wohl gar nicht, nur eine kleine Begebenheit.

Als ich in der Stadt zur Schule ging und zum erstenmal mein Dasein aus eigenem bestritt, in dieser Zeit also bewohnte ich eine Kammer in einem alten Haus, ganz oben unterm Dach und nach dem Hinterhof gelegen. Ich muß noch einfügen, daß ich etwa vierzehn Jahre alt war, aber noch sehr schmächtig und kindlich, und natürlich ganz arm, ich besaß so gut wie gar nichts. Vom Hunger wurde ich weniger geplagt als von der Verlassenheit und vom Heimweh. Das wurde ich nie ganz los, ob ich nun in der Schule saß oder meiner Bettelkost nachlief oder daheim Noten abschrieb, damit ich ein paar Groschen nebenher für das Abendessen verdiente.

Vom letzten Stockwerk aus lief ein Gang an der Mauer hin bis zu einem Verschlag, nun ja, früher hielten es die Leute so, mit bestimmten Geschäften gingen sie außer Haus. Das Dach dieses Hüttchens aber lag knapp unter meinem Fenster, ich legte mein Brot und meinen Käse dorthin ins Kühle, und weil die Schindeln längst morsch waren, hatte sich allerlei Grünes dazwischen angesiedelt. Im ersten Sommer war es nur Gras, eine kümmerliche Taubnessel und ein Hirtentäschchen, aber ich brachte noch Erde dazu und goß die Kräuter in der Dürre, und im andern Frühling schoß es schon viel üppiger auf. Eine schön gekräuselte Kamille kam dazu, Löwenzahn, und endlich das Wunderbarste, eine Weide.

Ich wiederhole das noch einmal, ein richtiges Bäumchen. Sicher wuchs es schon lange dort, hört doch zu, ich hatte es nur nicht beachtet, und nun bekam es richtig kleine Kätzchen im Frühling, dieses handhohe Gestrüpp.

Ja? sagt der Sommergast. Wo stand eine Weide? Unter meinem Fenster. Es ist ja nichts weiter darüber zu sagen, ich meine bloß, ich hatte damals eine so große Freude daran. Man muß auch bedenken, sage ich, wie weit her der Same zuflog, dort gab es gewiß schon Wiesen oder eine Au wie daheim hinter dem Dorf. Sogar Bienen kamen und übernachteten in meinem Garten, wenn sie die Abendkühle überraschte.

Jetzt bedeutet das natürlich nichts mehr, ich erzähle vielleicht auch alles viel zu weitschweifig. Nur eins möchte ich noch erwähnen, was mich am meisten beglückte: daß ich meinen Garten ganz heimlich besaß. Niemand im Hause ahnte das Geringste davon. Aber das ist ja auch langweilig. Ich rede und schwätze, was will ich denn nur? Ein Garten voll Unkraut auf dem

Dach eines Aborts, ach, es ist ja nicht einmal lustig. Immer mehr verwirre ich mich, und schließlich verstumme ich, hilflos und beschämt.

Eine Weide, sagt Klaus nach einer Weile. Mit einem Weidenstecken habe ich auch einmal etwas erlebt.

Die Sache war so, daß er in einer Hammerschmiede Arbeit gefunden hatte, die Werkstatt gehörte der Witwe. Und das war an sich gut, Witwen legen gern in der Küche zu, was sie in der Kammer entbehren. Nur fing sie gar zu bald an, ihm Augen zu machen. Wie das eben geht, man treibt seine Späße, und schon ist der Teufel los. Ihm paßte das jedenfalls gar nicht, Weib und Kinder und alles schon fertig und in die Jahre geschossen, darum sagte er zu gelegener Zeit, es sei recht und gut, aber einmal müsse er noch Urlaub haben, um sein Zeug herbeizuholen. Schnitt sich einen Stecken, den Weidenstecken also, und ging, und die Schmiedin lief mit ihm bis übers Dorf hinaus. Dort schieden sie, alle Heiligen, das war ein Abschied! Sein Knüttel blieb im Grase stecken, aber den holte er nicht mehr, nicht um sein Seelenheil.

Ein Jahr verging, ein mageres, ein zweites noch schlechter, da fielen ihm doch manchmal die Bratenschüsseln wieder ein. Der Speck war längst aufgezehrt, den er sich bei der Schmiedin angemästet hatte.

Es ließ sich nicht ändern, sagt Klaus, die Beine nahmen von selber Kurs. Unversehens stand ich wieder auf dem gewissen Hügel, und da lag auch richtig die Schmiede unten, das Wehr mit den Kopfweiden und der Garten dahinter, sogar dieselben Krautköpfe darin, meiner Treu, nichts hatte sich geändert. Spaßeshalber sah ich mich um, ob ich vielleicht auch meinen

Stecken noch anträfe, und schlagt mich tot, ich fand ihn wirklich.

Nein, lacht nicht, ich sage euch, das Gruseln überkam mich am hellen Mittag. Denn der Stecken war angewachsen, sogar Zweige und Blätter hatte er getrieben.

Das gab mir zu denken. Wenn schon dein Stecken Wurzeln bekommen hat, überlegte ich, wer weiß, was dir in der Schmiede unten zugewachsen ist. Ja, und da drückte ich mich dann wieder.

Abscheulich, sagt das Fräulein. Ist er nicht ein abscheulicher Kerl?

Ich muß es zugeben, es war ein starkes Stück von diesem Klaus.

Und die Witwe? fragt der Sommergast. Was ist aus der Schmiedin geworden?

Ja, das weiß Klaus nicht. Vielleicht wartet sie immer noch.

Ach, was er sich einbilde! Als ob die nicht längst einen Besseren gefunden hätte!

Wetten? sagt Klaus.

*

Das Wetter schlägt um. Einen halben Tag arbeiten wir noch auf der Wiese, aber dann verdrießt uns die Nässe, wir suchen unser Werkzeug zusammen und gehen heim. Ich räume sauberes Papier aus der Lade und suche eine Feder, um etwas aufzuschreiben, ein paar Verse vielleicht, eine Geschichte oder auch nur einen Brief, ich weiß es noch nicht. Aber ich möchte doch sehen, ob mir denn gar nichts mehr von der Hand geht.

Ja, die Geschichte von dem Jüngling, der so schön auf der Rindenpfeife blasen konnte, die will ich mir ausdenken. Was geschah also mit ihm?

Seine Mutter hatte ihn die Kunst gelehrt, weil sie sehr arg am Herzweh litt, nichts anderes wollte helfen. Und zuletzt blies der Jüngling wirklich wunderbar. Es klang wie ein Vogellied, und man wurde gleich fröhlich davon und vergaß allen Kummer.

Indessen war aber der Jüngling in die Jahre gekommen und die Wanderlust packte ihn, er meinte auch, daß ein Mensch sein Glück in der Welt wohl machen müsse, wenn er eine so köstliche Kunst verstünde.

Die Mutter riet ihm freilich ab. In der großen Welt, sagte sie, gelte dergleichen wenig, die höre nicht auf eine armselige Rindenflöte, und nur wo ein Mensch im heimlichen litte, dort hätte sie Macht. Und er möge doch bleiben, damit sie nicht verlassen am Herzweh sterben müsse.

Aber der Jüngling verschloß sich allen Bitten. Er dachte, daß es gewiß nicht lange dauern könne, bis er reich und in Ehren wieder heimkehrte, und so nahm er eilig Abschied und zog davon.

Zuerst kam er an das Haus des reichen Mannes. Der war so reich, daß er immerfort Feste feierte. Musik scholl aus den Fenstern, laut und vielstimmig, wie der Jüngling nie eine gehört hatte. Sie klang ihm auch gar nicht gut in den Ohren, darum ging er hinein und gebot den Spielleuten Schweigen. Als er aber anhob, auf seiner Rindenpfeife zu blasen, da war sie wie verzaubert, sie pfiff so fadendünn und jämmerlich, daß man ihn mit Schimpf und Gelächter aus der Tür jagte.

Und nun sank dem Jüngling der Mut ein wenig, weil er nur Spott statt den Hut voll Dukaten verdient hatte.

Über eine Weile kam er an ein anderes Haus, darin wohnte der mächtige Mann. So mächtig war der, daß Trompeter vor ihm her schmetterten, wenn er ausritt. Dem Jüngling mißfiel auch das, er befand seine Kunst als die bessere, und vielleicht nahm ihn der große Herr für einen Herold und ließ ihn an der Rechten reiten, wenn er ihm zu Gefallen war.

Aber auch diesmal kam er übel an. Der mächtige Mann hielt es für einen Schimpf, daß man mit einer elenden Rindenpfeife vor ihm her blasen wollte statt mit Fanfaren, und er ließ den Jüngling durch seine Prügelknechte verjagen.

Nun war der Spielmann noch viel mehr bekümmert, weil er sich auch kein seidenes Gewand mit seiner Kunst verdienen konnte, nur Schläge und Verachtung.

Und wieder nach einer Weile stand er vor dem Haus des weisen Mannes. Der war so weise, daß davon ringsherum die Bäume kahl und die Vögel stumm geworden waren, und trotzdem dachte er noch immerfort nach und rechnete aus, wieviel Tropfen Wasser im Meere schwämmen. Die Leute sagten, er hätte es beinahe schon herausgebracht.

Da meinte der Jüngling, es fiele dem Weisen das Zählen gewiß leichter, wenn er ihm unter dem Fenster auf der Rindenpfeife vorbliese, und vielleicht konnte er sein Schüler und selbst so weise werden, daß die Vögel vor Ehrfurcht verstummten.

Allein der gelehrte Mann fuhr zornig an das Fenster und schalt den Jüngling einen nichtsnutzigen Buben, es hätten eben noch die letzten Tropfen in seiner Rechnung gefehlt, und nun sei er irre geworden und müsse wieder von vorn anfangen.

Da lief der Jüngling fort und war arg traurig. Alles schlug ihm fehl, Reichtum, Macht und Weisheit waren ihm versagt und verleidet, wozu also taugte eigentlich seine Kunst? Er irrte lang in der Fremde umher, die Pfeife verbarg er vor den Leuten, und niemand kannte ihn mehr, denn es wuchs ihm schon der Bart um das Kinn.

Zuletzt wendete er sich doch und dachte heimzukehren, damit er wenigstens die alte Mutter noch anträfe, ehe sie am Herzweh gestorben war. Auf den Weiden vor dem Dorfe fand er ein fremdes Mädchen, das hütete die Schafe und war schön wie ein Bild. Er bat um einen Trunk Milch, und weil er nichts in der Tasche fand als seine Rindenpfeife, zog er sie noch einmal hervor und blies eine Weise zum Dank darauf. Die klang wie ein Vogellied in dem freundlichen Tal, und auch der Jungfrau gefiel sie sehr.

Ich weiß nicht, sagte sie, warum mir deine Weise so zu Herzen geht, sie macht mich auf einmal wieder fröhlich. Vor langer Zeit kannte ich einen im Dorf, der war so wie du, nur nicht bärtig. Und er konnte auch so wunderbar blasen, aber dann zog er fort, und seither bin ich keinen Tag mehr froh gewesen.

Da wußte er, wer das Mädchen war, und gab sich der Gespielin zu erkennen. So brachte der Jüngling also nicht Ruhm und Reichtum heim, sondern eine Braut, die er liebte. Und vielleicht hatte er dann Kinder mit ihr, die auch alle auf der Rindenpfeife blasen konnten, zum Trost der stillen Leute, wenn sie am Herzweh litten.

Ist das nun die Geschichte von dem Spielmann mit der Pfeife? Eigentlich wollte ich mir eine ganz andere ausdenken, besonders der Schluß mißfällt mir. Diese Jungfrau ist vielleicht gar nicht so sanft und zutraulich gewesen, sondern ein ziemlich hochnäsiges Ding. Jawohl, sie war es, die den armen Jüngling mit der Rindenpfeife dreimal verschmähte, aus lauter Hoffart solange ihr die Werber noch mit Posaunen und Geigen und Flöten vor das Fenster zogen. Wenigstens anfangs, später blieben ja die Posaunen weg und übers Jahr auch die Geigen, aber eine Flöte war immer noch besser als eine Rindenpfeife.

Freilich, als es dann gänzlich still unter ihrem Fenster wurde, da war ihr doch angst, oh, da zersehnte sie sich manche Nacht das Herz nach dem Vogelliedchen, das sie früher verachtet hatte. Aber zu spät, der Jüngling war längst davongegangen. Er fand ein anderes Mädchen, nicht schön wie ein Bild, es hatte sogar Sommersprossen auf der Nase, einerlei. Dafür liebte es den Jüngling und fand, daß seine Rindenpfeife tausendmal süßer klänge als alle Posaunen und Geigen und Flöten der Welt. Und die hoffärtige Jungfer mußte langsam verwelken, ganz langsam, Jahr um Jahr bis ans bittere Ende.

Möglich, daß sie den Jugendgeliebten vorher noch einmal von weitem sah, ich weiß nicht, es ist eigentlich doch recht traurig. Am besten, ich lasse es für heute. Ich räume das Papier wieder in die Lade und sehe nach, was Klaus treibt. Schon die ganze Zeit höre ich ihn in seiner Kammer arbeiten, vielleicht hat er Lust, noch mit mir ins Dorf zu gehen. Es ist eine Truppe von Schauspielern angekommen.

Der Direktor erschien plötzlich, um mich einzuladen, ich traf ihn an der Haustür, als ich nach dem Wetter sehen wollte. Bitte, melden Sie mich! sagte er und reichte mir seine Karte.

Die nahm ich denn als mein Hausmeister und las sie in der Stube als der Hausherr selbst, und dann begrüßten wir uns erst und sagten einander viel Freundliches als Leute von Lebensart. Er ist entschieden ein feiner Mann, ich schäme mich, daß ich gleich auf den Gedanken kam, er trinke vielleicht zu viel, weil er ständig das eine Auge zukniff.

Ich sei ihm kein Unbekannter, landauf und -ab habe er Rühmliches von mir gehört — oh, das mußte ich aber durchaus ablehnen. Es sei wahr, ich hätte einige Grabverse und dergleichen verfaßt, erklärte ich, aber davon könne man kein Aufhebens machen.

So, Verse! Nun kam der Direktor erst richtig ins Bild. Das treffe sich ja ausgezeichnet, sagte er, da dürfe er wohl hoffen, daß seine Tochter die Ehre haben werde, einige Strophen vorzutragen, etwa am Schluß der heutigen Haupt- und Glanzvorstellung? Die Tochter sei ein Wunder in dieser Kunst, das könne man wohl sagen, die schlechtesten Reime flössen ihr wie Öl von den Lippen. Und er hielt es übrigens immer so, diese Einrichtung bewähre sich großartig. Auch im Nachbardorf habe ihm der Postmeister ein Gedicht anvertraut, es war an Klara gerichtet. Klara saß dann auch unten in der ersten Reihe, und der Erfolg sei nicht zu beschreiben, drei Jahre lang war sie spröde geblieben, und nun schmolz sie förmlich dahin.

Nun ja, sagte ich, es sei leider so, daß sich meine Verse weniger für solche Zwecke schickten, ich besänge mehr die erhabenen Dinge, die Natur zum Beispiel, oder die Liebe im allgemeinen. Aber jedenfalls bestellte ich für den Abend drei Plätze, zwei nebeneinander und den dritten davor.

Davor! wiederholte der Direktor und schloß verständnisvoll auch das andere Auge. Er drückte es abermals zu, als ich ihn bat, diese dritte Karte beim Nachbar Michael abzugeben, für den Sommergast. Weiter kein Wort, keinen Namen, nichts. Jawohl, das würde besorgt werden, erklärte der Direktor, in solchen Dingen wüßte er Bescheid. Und, gleichsam in einer Vorahnung, hatte er auch das Stück auf das passendste gewählt, er brauchte mir nur den Titel zu nennen: Treu bis in den Tod. Das erwähnte er nebenbei, für den Fall, daß ich etwa Lust hätte, den Liebhaber persönlich auszustatten, auch das sei nämlich eine besondere Einrichtung seines Unternehmens. Er trüge zum Beispiel meinen Mantel in dem Stück, einen Schlips oder sonst ein Kleidungsstück von tieferer Bedeutung, und er mache sich erbötig, damit jede Wirkung hervorzurufen, von der zartesten Anspielung bis zur völligen Lebenstreue. Vor allem der große Auftritt in der Gewitternacht, wenn der Förster Konrad entdeckt, daß seine Braut vom jungen Grafen in das Jagdhaus gelockt worden war, wenn er unter heftigen Blitzen zum Himmel schwört, daß er die Unschuld rächen werde, und zwei Kugeln in die Büchse stößt, eine für den Grafen und eine für sich, dieser Auftritt, meinte der Direktor, würde durch die grüne Jacke, die ich eben trug, bedeutend an Wirkung gewinnen.

Kein Zweifel. Eine solche Szene konnte unmöglich im Gehrock gespielt werden. Ich zog die Jacke augenblicklich aus und übergab sie ihm. Zum Abschied aber gönnten wir uns noch einen rechtschaffenen Schnaps. Wir hoben die Gläser auf Kunst und Liebe, und ich kniff auch meinerseits ein Auge zu. Scharfe Schnäpse soll man nur einäugig trinken.

Ich gehe also und suche Klaus in der Kammer auf. Er ist eben mit seiner Arbeit fertig und schiebt etwas in die Tasche, ich kann nicht genau sehen, was es ist, ein glänzendes Ding, ein Armreifen vielleicht. Wir bürsten noch einmal unsere Schuhe im Flur, und dann schlendern wir ins Dorf hinunter. Es regnet nicht mehr. Ein zarter Wasserdunst hängt über den Wiesen, die Luft schmeckt frisch und säuerlich. Dann und wann schüttelt ein Windstoß rauschende Tropfenschauer aus dem Laub der Bäume, es kommt eine dunkle Nacht. In der großen Scheune neben der Schenke hat man die Bühne aufgeschlagen, wir zeigen dem Burschen am Tor unsere Karten und drängen uns hinein.

Christof sitzt in der hintersten Reihe mit allen seinen Kindern, zwei hat er auf den Knien stehen, eins sitzt ihm auf den Schultern; er schwitzt erbärmlich, aber was er auf dem Leibe trägt, das zählt nicht an der Kasse. Den und jenen treffe ich, meinen Freund Veit und die Dorfleute alle und etliche Bauern. Beim Holzkauf betrügen sie mich alle gern ein wenig, aber jetzt tue ich jedem Bescheid aus seiner Flasche.

Ja, das ist schon eine Sache, das Licht und die Musik und der Vorhang, seht euch das an! Ein blauer Bergsee mit Schwänen darauf, großartig gemalt. Diesmal muß auch ich klein beigeben, und das ist mir zu gönnen, weil ich doch sogar das neue Denkmal an der Kirchenmauer verlästert habe.

Klaus hat unsere Plätze gefunden, er schickt mir einen Pfiff herüber, ja, ich komme schon. Der Sommergast ist da und auch Michael, sieh an! Haben wir da etwas versäumt, wäre es vielleicht schicklicher gewesen, das Fräulein abzuholen? Nun hat sie den Alten mitgenommen und auf ihren Platz gesetzt, da hockt er, stemmt die Fäuste auf die Knie und schaut finster und mißtrauisch unter seinem runden Hut heraus.

Und nun klingelt es hinter der Bühne, der Lärm legt sich, das letzte Schneuzen und Niesen, und die Stille wäre vollkommen, wenn nicht hinten eins von Christofs Kindern ein kleines Mißgeschick zu melden hätte. Aber dafür ist jetzt keine Zeit mehr, schon schlägt der Vorhang rasselnd auseinander.

Zunächst sieht man beinahe gar nichts, ein dunkles Loch. Etliche Bäume stehen auf dem Bretterboden herum und vorn ein Wegkreuz und eine Bank. Im ganzen ist es eine recht öde Gegend, und trotzdem muß da irgendwo jemand sitzen, dem sie gefällt, weil er so munter auf seiner Zither spielt.

Jetzt aber trippelt ein Mädchen herein, eine engelschöne Jungfrau, ihr Anblick allein preßt den Zuschauern förmlich die Luft aus dem Leibe. Es ist die Försterbraut, aber das weiß nur ich, sie selber verrät es noch mit keiner Miene. Sie huscht umher und pflückt Beeren und legt sie einzeln in ihr Körbchen, obwohl doch gar keine Beeren auf dem Fußboden wachsen. Der alte Michael läßt ein verächtliches Schnauben hören; alles Schwindel, er hat es ja gleich gewittert.

Die Jungfer scheint fremd in der Gegend zu sein

oder schwachsichtig, es dauert eine ganze Weile, bis sie das Kreuz unter der Fichte entdeckt. Und vielleicht ist sie auch sonst nicht ganz bei Trost, aber das muß man ihr zugute halten, denn wie sie sich nun selber erzählt, ist sie eine Waise namens Luise, ein armes Waisenkind. Ihr Vater, der Gärtner in gräflichen Diensten war, hat ihr nichts vererben können als ein frommes Gemüt.

So etwas kann einen schon rühren. Obendrein kniet dieses verlassene Geschöpf auch noch hin und fängt zu beten an, und nun wird sogar der verstockte Michael unruhig und rutscht auf seinem Stuhl hin und her. Die Wahrheit zu sagen, mir geht es auch nicht besser. Ich habe freilich schon mit größerer Kunst weinen und beten gesehen, es wäre leicht, die Beine übereinander zu schlagen und nachsichtig zu lächeln. Aber im tiefsten Innern bin ich ja doch bewegt, angerührt von der magischen Macht des Gleichnisses, die von jedem Spiel ausgeht, vom erhabenen so gut wie vom lächerlichen.

Es nützt auch wenig, eine Weile gar nicht hinzuschauen, dadurch läßt sich das Schicksal keineswegs aufhalten. Das Schicksal naht unerbittlich, zunächst in Gestalt des jungen Grafen. Vorhin nahm er uns an der Tür die Karten ab, aber jetzt will er uns nicht mehr kennen, weil er Reithosen trägt und ein Glas ins Auge geklemmt hat. Ein unangenehmer Bursche, kaum hat er sich recht umgeschaut, da macht er sich schon an das Mädchen heran, mit seinem zudringlichen Geschwätz.

Oh, flüstert Luise betreten, heißet mich nicht schön! Sie ist zwar einfacher Leute Kind, sagt sie, aber es steht auch dem größten Herrn nicht an, Spott mit der Armut zu treiben.

Das unschuldige Kind, es findet treffende Worte. Der Graf müßte sich schamrot in die Büsche schlagen, wenn es hier nicht wie überall in der Welt zuginge, daß nämlich die Tugend blind ist und das Laster taub.

Ja, wüßte Luise, was ich weiß! Ahnte sie, daß der Förster hinter der Bühne schon die Kugel des Verhängnisses in der Hosentasche trägt, sie wäre vorsichtiger und verschwiege wenigstens den Namen des Geliebten. Schlüge Luise nur ein einziges Mal die Augen auf statt nieder, dann könnte sie sehen, daß der Graf förmlich zurücktaumelt und einen häßlichen Fluch zur Seite flüstert, sobald er nur den Namen des Försters hört.

Ich aber sitze da wie Gottvater selbst, ich durchschaue alles. Leicht könnte ich hintreten und dem Schurken etwas ins Ohr sagen: Haltet ein, Graf Wolkenburg, oder Ihr habt keine Stunde mehr zu leben! Dann ginge er heim auf sein Schloß und das Mädchen auch in seine Hütte, und alles wäre gut, der Vorhang könnte fallen. Aber ich tue das nicht. Ich mische mich so wenig hinein wie der liebe Gott und vielleicht aus dem gleichen Grunde.

Inzwischen ändert sich das Bild, Luise eräugt plötzlich den Förster in der Ferne. Dort, sagt sie, naht mein Bräutigam, sie kann das besser sehen als wir. Dem Verführer kommt der Förster jedenfalls sehr ungelegen. Verdammt! sagt er in die Faust hinein, und dann hat er eben noch Zeit, nach der anderen Seite zu verschwinden.

Nun begreifen wir ja alle, daß sich Luise nicht stehenden Fußes in den Grafen verlieben konnte. Aber wenn man ihn mit dem Förster vergleicht, dem sie sich jetzt ohne Umstände an den Hals hängt, dann muß man wieder einmal fragen, nach welchen Grundsätzen eigentlich die Mädchen ihre Gunst verteilen. Daß der Mann mit einem Auge zwinkert, möchte für einen Förster noch hingehen, und auch die grüne Jacke sitzt ihm nicht übel, aber sonst hat er wenig Anziehendes, jedenfalls nicht die geringste Ähnlichkeit mit mir.

Er küßt seine Braut vor allen Leuten und umarmt sie kunstgerecht, und dabei wirft er mir hinter ihrem Rücken bedeutungsvolle Blicke zu, ich wage gar nicht mehr hinzusehen. Ein Glück, daß bald der Vorhang fällt, ich weiß nicht, aus welchem Grunde.

Man kann endlich ein wenig Luft schöpfen und ein Gespräch anfangen, es ist drückend heiß in der Scheune. Und dazu der Geruch! sagt das Fräulein, sie mußte die ganze Zeit in das Taschentuch beißen, um nicht zu ersticken.

Nun ja, das läßt sich nicht ändern, hier duftet jeder, wie er muß. Aber es lohnt den Schweiß, darin sind wir alle einer Meinung, Michael ausgenommen. Es ist mehr eine Sache für die Weiber, meint er. Aber rechne nur einmal, ich einen Schilling, du einen und jedes, das sind schon vier, dafür kannst du einen Gaul nagelneu beschlagen lassen.

So nüchtern denkt das Fräulein nicht, sie betrachtet alles von einer anderen Seite her. Die Menschen tun ihr leid, es ist doch gewiß ein bitteres Brot. Immer auf der Wanderschaft, immer von der Hand in den

Mund zu leben! Dieses Mädchen zum Beispiel, wie alt könnte es denn sein, und dabei schon so welk, so kümmerlich und blutleer unter der Schminke!

Hübsche Haare hat sie, sagt Klaus dazwischen. Wenn sie echt sind, fügt er hinzu, und dann geht er nachdenklich hinaus, er will sehen, ob er ein Glas Bier auftreiben kann.

Inzwischen führe ich die Unterhaltung weiter. Das Fräulein sehe die Dinge vielleicht ein wenig zu schwarz, erkläre ich, dergleichen Leute seien gar nicht unglücklich, sondern mitunter förmlich besessen von ihrer Arbeit, vom echten Drang zur Kunst. Nur sei dieser Drang leider nicht selten größer als die Gaben. Darüber wäre noch manches zu sagen, aber das Fräulein ist nicht mehr so gesprächig wie vorher. Wollen wir auch etwas trinken? fragt sie plötzlich und schaut nach der Tür.

Gern, sage ich. Wenn ich sie einladen dürfte?

Aber im selben Augenblick will das Fräulein wieder bleiben. Sie meint, wir hätten nicht mehr genug Zeit, auch Klaus käme ja schon zurück.

Ich bin verstimmt. Keineswegs aus Eifersucht, nein, diese Schwäche sagt man mir zu Unrecht nach. Es ist gekränkter Stolz oder verletztes Feingefühl oder was immer, jedenfalls nehme ich mir vor, an diesem Abend kein Wort mehr zu sagen. Mag das Fräulein zusehen, ob Klaus ein besserer Gesellschafter ist als ich, so ein junger Dachs, der nach allem schnuppert, was ihm in den Weg kommt.

Oh, ich habe mich in der Hand! Keine Rede davon, daß ich mich etwa so gebärde, wie der Förster es jetzt in Luisens Stube tut. Er donnert in seinen Stiefeln hin und her und drückt das Mädchen förmlich an die Wand mit seiner Heftigkeit, und warum? Weil er sich einbildet, sie träfe den Grafen heimlich im Wald.

Kein Mensch traute ihm soviel Leidenschaft zu, dieser Förster ist ein wahrer Unband von einem Mann. Da helfen weder Schwüre noch Tränen, sie finden keinen Glauben. Es ist ja auch ein Verhängnis, jedermann hat den Hergang mit angesehen, nur der Förster nicht.

Aber wenn man richtig auslegt, was er sagt, dann ist es auch wieder manchem von uns aus dem Herzen gesprochen. Ja, treue Liebe und ein gerader Sinn, das zählt nicht bei den Weibern! Sowie einer kommt, der eine glatte Larve hat und die Worte schön setzen kann, gleich laufen sie ihm zu.

Und Luise? Erzittert sie? Weist sie mit dem Bannblick der Unschuld diese Schmach zurück?

Nein, sie lächelt.

Das wäre weiter nicht sonderbar, ich habe öfter erlebt, daß Frauen das Verkehrte für passend halten. Aber diese Luise steht so merkwürdig entrückt da oben, so losgelöst von allem um sie her. Vielleicht müßte sie jetzt die Hände vors Angesicht schlagen oder laut aufweinen, der Förster scheint so etwas zu erwarten. Er wiederholt seine Vorwürfe noch eindringlicher, er flüstert, er zischt, aber Luise ist nur eine stumme Hülse, und wie ich nun ihrem Blick folge, finde ich das Lächeln auf einem andern Gesicht wieder, auf dem von Klaus.

So. Darum also kam er vorhin mit nassen Hosenröhren zurück, mit einem Holundersternchen im Haar! Wie ist das nur möglich, denke ich voll Bewunderung, wie stellt er es an? Ich wäre gar nicht auf den Gedanken geraten, daß die Försterbraut, dieser Ausbund von Standhaftigkeit, hinten im Krautgarten eine ganz andere sein könne, ein Mädchen aus Fleisch und Blut, das sich in die Büsche treiben und schnell ein wenig drücken und küssen läßt.

Es ist vielleicht die Jugend, oder die Leichtigkeit, die unbefangene Kühnheit des Freien, so erkläre ich es mir. Nur wer nichts besitzt, hat den Mut, alles zu nehmen. Wir andern sind zu schwerfällig, wir Alten, lüstern wohl auch, aber zugleich feige; wir überlegen immer erst lange, ob der Raub sich lohnt und ob das Ding dann in den Kram paßt, den wir schon Jahr und Tag mit uns schleppen. Wenn Klaus einem Wandersmann gleicht, der unterwegs eine Quelle findet, trinkt und weiter geht, voll Vertrauen, daß eine andere kommen wird, wenn ihn wieder dürstet, so bin ich der Krämer, der auch dieses Weges kommt, der aber einen Esel mit Sack und Pack hinter sich herzieht und der die Quelle am liebsten ganz in seinen Wasserschlauch füllen möchte, aus Gier und aus Angst, sie könnte die einzige in der Gegend sein. Ja, und am Ende verdurstet der Krämer doch mit Sack und Esel.

Heimlich beobachte ich Klaus und mache mir Gedanken darüber, wie das wohl enden wird. Oben auf der Bühne ist das Verhängnis ohnehin nicht mehr aufzuhalten. Die Ereignisse verwirren sich zusehends in der peinlichsten Weise, und das kann auch gar nicht anders sein, wenn die Leute hartnäckig zur Unzeit schweigen oder reden.

Der Graf hat Luise in sein Jagdhaus eingeladen, er ist ja auch ein Stümper in der Liebe. Luise denkt nicht daran, ihm an den Hals zu fliegen, nur weil er einmal mit dem Finger winkt. Die Unselige, noch weiß sie nicht, was für teuflische Fallstricke ihrer Tugend gelegt wurden. Der Graf hat ihretwegen den Förster entlassen, davongejagt und an den Bettelstab gebracht.

Man sollte meinen, der Förster käme nun zu ihr und spräche ein vernünftiges Wort. Hiebe einmal auf den Tisch, soundso liegen die Dinge, und was sind das überhaupt für Narreteien, spielen wir denn Theater? Willst du mit mir oder mit ihm oder zum Teufel gehen, das möchte ich nun einmal wissen.

Aber nichts dergleichen geschieht. Sondern der Förster irrt im Wald umher und brütet finstere Pläne aus, und inzwischen muß noch einmal der Vorhang fallen und kostbare Zeit vergehen, bis Luise endlich alles erfährt. Der Graf selber sagt es ihr mit eiskalter Miene.

Auf Wiedersehen! sagt er höhnisch. Du weißt, wo ich zu finden bin.

Er hat sie in ihrer Andacht vor dem Wegkreuz aufgestört, es ist dieselbe Gegend wie zu Beginn, als noch alle ihren Frieden hatten, nur das Wetter ist schlechter geworden. Und was den Förster betrifft, den lenkt ein Unstern auf seinen Wegen. Solange Luise verzweifelt mit ihrem Gewissen ringt, treibt er sich Gott weiß wo herum. Aber kaum ist sie davongestürzt, um sich für sein Glück zu opfern, da taucht auch er zwischen den Bäumen auf, eben noch früh genug, daß er im Schein des ersten Blitzes sehen kann, wohin die Geliebte so stürmisch enteilt.

Und nun kommt der erschütternde Augenblick, in

dem der Förster die Schwurhand hebt und Rache schwört. Donner rollt und Feuer umlodert ihn, es ist ein schweißtreibender Anblick. Sogar Michael schiebt sich den Hut ins Genick, und dazu ist viel vonnöten.

Horch! sagte der Förster plötzlich und legt die Hand ans Ohr, nahen nicht Schritte?

Mag sein, man hört schlecht, es donnert zu stark. Aber er hat recht behalten. Schon eilt Luise herein und hinter ihr der Graf, ein Teufel, ein Wüstling, den kein Donnerwetter schreckt.

Halt! schreit der Förster und hebt das Gewehr an die Wange.

Schieß! ruft ihm Christof von ganz hinten hitzig zu — ja, wenn er schösse! Wenn dieser Förster einmal in seinem Leben irgendwo zurechtkäme!

Muß er dem Grafen erst weitläufig ankündigen, daß seine letzte Stunde geschlagen habe? Nur, damit der die Zeit findet, seinerseits nach der Waffe zu greifen? Und damit sich Luise aufschreiend dazwischenwerfen kann?

Zwei Schüsse krachen, zu spät, zu früh, das weiß der Himmel. Es geschieht nicht zum erstenmal, daß die Unschuld sterben muß, wenn Männer aneinandergeraten, um für sie zu fechten.

Der Förster lehnt sein Gewehr an den nächsten Baum und nimmt Luise in den Arm, die ihm seufzend entgegensinkt. Ihre Brust ist von zwei Kugeln durchlöchert, viel Atem kann sie also nicht mehr haben, und dennoch, mit dem letzten Hauch nennt sie den Namen des Geliebten.

Verzeih mir, Konrad, flüstert sie, ich tat es für dich!

Und das, Leute, ist die wahre Liebe, die treue Liebe bis ins Grab. Weint, ihr Frauen, schämt euch der Tränen nicht, ihr Männer! Es ist da keine Rettung mehr, Luise hat ausgerungen.

Was bleibt dem Grafen übrig, als hinwegzueilen, von den Geistern der Reue gejagt? Aber seht, die barmherzige Vorsehung läßt auch diesen Sünder nicht ganz verderben. Vielleicht erschlug ihn der Blitz hinter der Bühne, oder er hat sich selbst gerichtet, und seine geläuterte Seele wandert nun auf geheimnisvollen Wegen, die kein Mensch je ergründen wird. Sie verkörpert sich gleichsam neuerlich im rächenden Arm der Gerechtigkeit, und so kommt sie von der anderen Seite wieder herein.

Ihr seid verhaftet, Förster Konrad! spricht die gräfliche Seele aus dem Mund des Wachtmeisters. Folget mir!

Er schließt ihn in Ketten und führt ihn fort, es ist ein erschütterndes Ende.

Hoffen wir, daß sich auch für den unglücklichen Förster ein gnädiger Richter findet und für die tote Luise jemand, der sie hier abholt und christlich begräbt. Wir wissen es nicht, der Vorhang fällt.

Nur für eine Weile war der Schleier gelüftet, und wir durften in die Werkstatt des Schicksals schauen; nun ist alles wieder still und in dem Dunkel verborgen, das wir niemals ganz erhellen können, mit dem schwachen Funken Licht, der in uns flackert.

Der Direktor erscheint auf der Rampe und verneigt sich zum Dank, jawohl, wir sparen nicht mit unserem Beifall. Nur Michael kommt noch einmal auf den Schilling zu reden. Er wollte ja gern zugeben, sagt er mir halblaut, die Leute hätten ihre Kosten mit dem Pulver und mit allem. Aber vielleicht ließe sich doch ein halber Schilling abhandeln, wenigstens für ihn? Wenn er dem Direktor erklärt, daß er ein wenig schwerhörig ist und ohnehin kaum die Hälfte verstanden hat?

Michael, sage ich entrüstet, du hast den Schilling ja gar nicht bezahlt!

Richtig. Aber schwer einzusehen, warum er nicht trotzdem ein paar Groschen daran verdienen soll, wenn es sich machen läßt.

Über diesem Handel haben wir unsere Leute aus dem Gesicht verloren. Eine Zeitlang suche ich auf dem Dorfplatz nach Klaus und dem Sommergast, niemand hat sie gesehen. Zuletzt ist auch Michael verschwunden, und so trolle ich mich allein nach Hause, ein wenig grüblerisch gestimmt und schmerzlich müde, wie einem zumute ist, wenn man aus dem lauten Leuteschwarm plötzlich ins Stille gerät.

Bedächtig tappe ich den ausgewaschenen Hohlweg bergauf, da und dort glimmt wieder ein Stern am finsteren Himmel. Wasserschwere Zweige hängen herein und berühren mich kühl, und hinterm Zaun liegen die schwarzen Büsche und bewegen ihr Laub mit einem sanften mahlenden Geräusch, als kauten sie etwas im Schlaf.

Ich komme an das Haus und suche nach dem Schlüssel, da fällt mir ein, daß doch eigentlich das Fenster unter dem Dach hell sein müßte. Gleich fängt der Wurm im Herzen wieder zu nagen an. Es ist ja lächerlich. Klaus schläft eben schon, sage ich mir, das solltest du auch tun.

Aber ich gehe dennoch weiter auf meinem einsamen Weg, voll Rührung betrachte ich mich selbst. Ich bin der Held in einem Trauerspiel, das handelt von dem Mann, der gar kein Glück mehr hatte. Und nun ist die letzte Nacht gekommen, der Mann steht unter dem gewissen Fenster, um Abschied zu nehmen, von seiner Liebe, vom Leben. Es regnet wieder, das Wasser rinnt ihm in die Augen, während er hinaufschaut, und er ist bis zum Hals mit Kummer angefüllt. Verschmäht von der Geliebten, verraten von seinem Freund, ach, ihm bleibt nur noch die Kugel. Und am Morgen finden ihn die Leute im Gras. Ganz tot muß er ja nicht sein, nur hart daran vorbei. Und wenn dann jemand durch sein Haar streicht und fragt, warum er es getan hat, dann wird er noch einmal die Augen aufschlagen, und in diesem Blick wird alles zu lesen sein, was er gelitten hat.

Aber der Nachbar Michael schläft schon längst und das Fräulein wahrscheinlich auch, mit der Zeit wird es mir ungemütlich unter den tropfenden Bäumen. Ich gehe einmal um das Haus herum und pfeife ein bißchen vor mich hin, da höre ich plötzlich oben ein Rascheln hinter den Geranienstöcken, eine halblaute Frage: Klaus?

Ich drücke mich tiefer ins Dunkle zurück, mein Herzschlag dröhnt mir in den Ohren.

Ja? antworte ich mit erstickter Stimme. Das fuhr mir so heraus, wider Willen, im ersten Augenblick denke ich daran, einfach wegzulaufen. Aber plötzlich sehe ich etwas aus dem Fenster fliegen, ein weißes Ding, es fällt nicht weit von mir ins Gras. Das Fenster klirrt zu — Stille.

Ich taste den Boden ab und finde einen Knäuel Papier, was kann das sein? Etwas Hartes ist darin eingewickelt — der Schlüssel?

Nein, der Schlüssel ist es nicht. Ein schmaler Reifen liegt mir in der Hand. Ich falte das Papier wieder zusammen und schiebe es in die Tasche und den Armreif auch, und dann gehe ich nachdenklich über die Felder weg nach Hause.

Beim Brunnen steht Klaus. Er hat das Hemd abgestreift, nun, ich mag jetzt nicht mit ihm reden, ich kann ja warten, bis er mit seiner Wäsche fertig ist. Aber es fällt mir auf, daß er ein Tuch gegen die Schulter drückt. Ich trete hin und sehe, daß er blutet, sein Arm ist schwarz von Blut überronnen.

Was ist das? frage ich erschrocken, hast du dich verletzt?

Nicht schlimm, antwortet Klaus. Es rinnt nur schon die ganze Zeit.

Im Hausflur zeigt er mir die Wunde. Gefährlich ist sie nicht, ein zollbreiter Schnitt im Oberarm, wie von einem Messerstich.

Wer denn? frage ich, der Förster?

Nein, der Graf, sagte Klaus mit einem flüchtigen Lachen.

In der Schlafkammer hole ich meinen Fund aus der Tasche und betrachte ihn genau, es ist ein Band aus blankem Silber, mit getriebenem Blattwerk auf der Fläche, eine saubere Arbeit, ich verstehe mich auch ein wenig darauf. Das Fräulein muß sich wohl sehr erzürnt haben, wenn sie es fertigbrachte, ein so hübsches Ding aus dem Fenster zu werfen. Diesmal hat auch Klaus kein Glück gehabt. Und ich?

Ich wickle den Reifen wieder in das Papier, vor Tag will ich aufstehen und ihn heimlich in den Obstgarten zurückbringen. Es ist wohl besser, ich bleibe künftig aus dem Spiel.

*

Am Morgen kommt Klaus spät an den Tisch, er ist verdrießlich, die Milchsuppe schiebt er gleich wieder weg. Der Arm tut ihm weh, vielleicht sollte das Loch genäht werden. Aber davon will er nichts hören, das gibt nur Gerede, sagt er.

Nun, dann wollen wir uns wenigstens eine passende Arbeit suchen. Ich habe mir vom Forstgehilfen Holz für einen neuen Zaun ansagen lassen. Wir könnten also in den Wald hinaufsteigen und Stangen herausschlagen, das läßt sich zur Not auch einarmig tun. Unser Essen nehmen wir mit, Mehl und Fett in die Muspfanne gepackt, Speck und Schnaps und Brot, Schnaps nicht zu wenig, und wenn es uns paßt, wenn das Wetter aufklart, können wir sogar über Nacht obenbleiben, ich weiß einen Viehschirm in der Nähe.

Das Steigen macht uns munter, gleich als ränne aller Ärger mit dem Schweiße weg. Es ist noch früh am Tage, über uns bricht der Himmel auf, ein lichter Fleck zuerst, eine blaue Insel, rosig umschäumt vom Gewölk. Jenseits leuchten schon die Wiesen in der Sonne, uns aber weht noch die Kühle des regensatten Waldes entgegen. Wir steigen ganz langsam, es ist ein Genuß, jeden Tritt im groben Geröll des Weges bedächtig zu wählen. Im Vorbeistreifen spürt man zuweilen wohlig die Rauheit eines Brombeerblattes auf der Haut, es tropft aus den hohen Wipfeln, und alles Laub ist blank und schimmert freudig grün in der Nässe.

Oft bleiben wir stehen, schöpfen Luft und wechseln ein paar Worte. Ich zeige dem Kameraden allerlei, eine Hirschfährte im moorigen Grund, es ist aber nur ein schwacher Hirsch gewesen. Da blüht die Ragwurz noch, sie ist sehr selten und ein bißchen unheimlich, und gelbes Fettkraut, dem man es auch nicht ansieht, daß es Mücken fressen kann.

Ja, hier herum ist mir mancherlei bekannt. Auf diesem Flecken fand ich einmal neun gute Steinpilze und nachher nie wieder einen, und dort auf der Lichtung wächst edle Arnika, später, es ist noch zu früh im Jahr.

Ich habe meinen Spaß daran, daß Klaus nie sogleich entdecken kann, was ich ihm zeige, einen prächtig gehörnten Holzbock zum Beispiel oder einen Salamander zwischen den Steinen. Der sieht freilich wie eine schwarze Wurzel aus, aber daran liegt es eben, man muß es im Blick haben. Klaus ist zu ungeduldig, zu flüchtig dafür.

Nun weichen wir vom Weg ab und suchen unseren Arbeitsplatz im ungesäuberten Wald. Daheim wußte ich genau, wo die Stelle liegt, wir müssen uns seitwärts halten, bis wir an einen frischen Schneebruch kommen. Aber es ist schwierig, in dem wüsten Unterholz die Richtung zu finden und vor allem nicht merken zu lassen, daß man bald selber zweifelt, ob man jemals das Licht der Sonne wieder sehen wird. Mühsam drängen wir uns durch, der Nadelboden ist tückisch glatt, und immerfort verspießt sich das Werkzeug im Geäst. Wir klettern über zahllose Gräben,

Gott weiß, ob es nicht immer derselbe Graben ist, es sieht einer wie der andere aus.

Klaus stolpert jedenfalls gutgläubig hinter mir her. Einmal, während ich mich verstohlen umsehe, fällt er mir bis zum Bauch in ein verdammtes Moderloch. Wortlos und kleinlaut kriecht er wieder heraus, und ich muß ihm zum Trost verheißen, daß wir gleich an unsern Ort kämen, obwohl ich ihn viel lieber fragen möchte, ob vielleicht er wisse, wo hier eigentlich vorn und hinten ist.

Dann aber wird es endlich doch hell vor uns, ein paar Schritte noch, und wir stehen in der warmen Sonne.

Großartig, sagt Klaus und setzt sich gleich ins Beerenkraut. Wirklich, besser hätten wir es gar nicht treffen können. Ein klarer Faden Wasser rieselt aus dem Fels, aber gleich daneben ist der Boden trocken, da werden wir eine Feuerstelle bauen und zu Mittag das Mus kochen. Unter uns fällt der Wald steil ab, man sieht über die Wipfel weg bis in das Dorf hinunter.

Wir rasten eine Weile und kauen unser Brot mit einem Schluck aus der Flasche, und dann gehen wir an die Arbeit.

Klaus meint, an Bäumen fehle es uns ja nicht, wenn wir sie nur auch schon unten hätten. Aber in diesem Punkte zeigt sich eben ein überlegener Kopf. Ich rechne damit, daß die Holzknechte den Schneebruch räumen und im Winter einen Ziehweg bauen werden. Leicht möglich, daß ich dann selber einmal den Schlitten nehme und eine oder die andere Fahrt mit dem Zaunholz wage.

Bis zum Mittagläuten haben wir eine Menge Stangen auf die Lichtung herausgeschleppt und nach Stärke und Länge zusammengelegt. Jetzt wird es Zeit, für unser Essen zu sorgen. Klaus muß das krachende Feuer hüten und aufpassen, daß keine Fliege ins Wasser fällt, während ich den Teig anrühre. Schade, die Heidelbeeren sind noch nicht reif, aber auch so wird es uns schmekken, ich nehme es mit den besten Köchen der Welt auf, was die schwierige Kunst des Muskochens betrifft. Ein Frauenzimmer träfe es überhaupt nie, denn das ist eine Männerkost, keine Windbäckerei. Es hilft nicht, wenn dir einer sagt, nimm so viel Mehl und so viel Schmalz und Wasser und Salz, da muß viel Unwägbares dazukommen, ehe sich diese vier Urelemente des Genusses glücklich vereinigen. Du mußt es verstehen, das Mehl mit der richtigen Hitze und Schnelligkeit abzubrühen, und nebenher, gleichsam mit dem inneren Blick, mußt du das Fett in der Pfanne überwachen und den Zeitpunkt erhaschen, in dem es eben zu rauchen anfangen will. Nicht, daß es etwa schon im geringsten rauchte, das wäre um eine Ewigkeit verfehlt.

Niemals aber brächte eine Frau die Sammlung und Entschlossenheit des Geistes auf, die nunmehr nötig wird. In Zeit von zwei Vaterunsern ist das Mus gar, oder es ist rettungslos verdorben. Während du das erste hersagst, bräunt sich der Kuchen unterwärts, beim Amen wendest du ihn blitzschnell mit einem glücklichen Ruck, und bei der siebenten Bitte ziehst du das fertige Mus vom Feuer. Funken schwelen dir auf der Haut, der würzige Rauch treibt dir die hellen Tränen aus den Augen. Aber das können auch Freudentränen sein, ein letztes Mal rührst du die krümelige

Masse durch, locker und goldgelb fällt sie von der Schaufel, und ein unbeschreiblicher Wohlgeruch steigt dir in die Nase. Mit Mühe hältst du das Wasser deiner Begierde im Munde zurück, wenn du nun gegen den Löffel bläst, um den ersten Bissen zu verkosten.

Mus ist auch kein Schlemmergericht, mit dem sich einer den Bauch vollschlagen kann. Sondern es legt sich warm und füllig in den Magen, und wenn du, schweigsamer Mann, dein Teil gegessen hast, dann meinst du, für dein Lebtag satt und gegen alle Versuchungen des Gaumens gefeit zu sein.

Nach der Mahlzeit kommt uns beide der Schlaf an, wie sich denken läßt; wir haben in dieser Hinsicht viel einzubringen. Jeder rekelt sich eine passende Mulde im Gestrüpp zurecht, schiebt den Hut ins Gesicht und nimmt mit einem letzten Seufzer des Behagens Abschied von der Welt.

Ich liege auf dem Rücken ganz tief im Kräuterwald versunken, um mich ist nur das grüne Blattgewirr und gleich darüber der Himmel, den halte ich mit meinen Händen ausgespannt. Manchmal taumelt ein Käfer in trunkenen Schwüngen durch die Bläue, ein paar scheckige Falter wirbeln vorbei im seligen Tanz der Liebe, und sooft ein Lufthauch von der Schattenseite her über die Lichtung zieht, hebt sich der Chor der Bienen gewaltig brausend aus den Brombeerbüschen. Aber immer ist das Rauschen der bewegten Wipfel da, dieser tiefe und satte, dieser so ruhige und breitströmende Klang, der nie gänzlich verstummt und den ich immer im Ohr habe, auch in der Fremde, wenn es still um mich wird.

Neben mir liegt Klaus und schläft. Er kräuselt die

Lippen im Traum und bläst den Atem aus runden Wangen, wie es Kinder tun. Sonst hat er ein verwegenes Fältchen über der Braue, wenn er lacht, und jetzt sehe ich, daß dieses Fältchen nur eine Narbe ist. Vielleicht fiel er einmal über die Schwelle und schlug sich ein Loch in die Stirn, als er noch klein war.

Nein, ich verzeihe ihm alles. Es ist ja nur die Jugend, sage ich mir, das unbändige Blut, denk zurück, du hast es nicht viel besser getrieben! Im Wesen ist er gut geartet, er braucht nur eine geschickte Hand, die ihn hält und führt. Das rede ich mir so ein, aber im Grunde quält mich eine Ahnung, daß er heimlich vielleicht schon an den Abschied denkt. Und dann wäre ich wieder allein und bliebe es auch, denn ich kann wohl nicht mehr aus dem alten Holze treiben. Es kommt für jeden der Augenblick, in dem er die Höhe seines Lebens überschreitet. In dieser Zeit sieht man weit voraus und weit zurück, man lebt noch wie sonst und freut sich seiner Kraft und der bunten Fülle um einen her. Aber schließlich merkt man doch, daß einem nichts mehr zuwächst, daß man in den Schatten hinuntersteigt und eigentlich immerfort Abschied nimmt.

Darum mache ich mir Sorgen um Klaus. Vielleicht könnte ich noch eine Weile Schritt halten, meine ich, wenn er mir bliebe. Was läge daran, ich würde meine Groschen einteilen und eine Werkstatt für Klaus pachten. Er sagt ja, daß er sich auch für Maschinen versteht, dann fände er gut sein Auskommen, es gibt weit umher keinen Schlosser in der Gegend. Und zur gelegenen Zeit, wenn er die verliebten Händel satt hätte, würde ich ihm eine Frau suchen und mundgerecht machen, eine starke und heitere Frau, wie sie ein Mensch braucht, wenn er für den Rest seines Lebens bei ihr vor Anker gehen will.

Ja, Klaus der Schlosser. Ich hätte selber meine Freude daran. Von Kind auf zog es mich zum Handwerk, ich wollte Uhrmacher werden oder Tischler oder sonst etwas Rechtschaffenes lernen, was Maß und Regel hat. Mit den Händen schaffen, greifbare Dinge machen, solche mit einem ehrlichen Gesicht, keine spielerischen und zwiesinnigen, das möchte ich. Immer mutete es mich an wie reines Glück, in einer Werkstatt zu stehen, Geräte an der Hand, Werkzeug, das gleichsam selber tätig wäre und seine Arbeit verstünde. Meister zu heißen, daß es nicht wie Hohn klänge. Es blieb mir versagt, und das ist mein heimlicher Kummer.

Allmählich verdämmern auch mir die Gedanken. Die Wärme schläfert mich ein, wunderlich mengen sich die Bilder zwischen Traum und Wachen. Ich sehe das Haus am Bach, die alte Kupferschmiede mit ihrem hohen gemauerten Giebel, und auch die Frau im Garten, wie sie sein müßte, sauber wie eine glatte Frucht, die Zöpfe aufgesteckt und vollhüftig und fest im Fleisch, nur nicht zu mager. Da ist die Arbeit eine Lust, wenn man so etwas durch das Fenster sieht. Das Wasser rauscht in der Radkammer, der Wind pfeift durch die Kohlen in der Esse, ich selber bin es ja, der vor dem fauchenden Feuer steht und ein Werkstück in der Zange hat. Was ist es denn? Eine Spange, ein Gürtelschloß. Es gelingt mir wunderbar leicht, mit dem bloßen Hammer schlage ich den herrlichsten Zierat aus der Fläche. Und ich käme noch viel besser damit zurecht, wenn ich nicht so eilen müßte, weil die Frau im Garten schon die ganze Zeit nach mir ruft. Immer lauter und angstvoller schreit die Frau, vielleicht ist ihr etwas zugestoßen, sie ertrinkt im Wehr, aber ich kann mich ja nicht umsehen, was kümmert mich die Frau. Ich muß doch bei meiner Arbeit bleiben, nie wieder wird sie mir so gelingen, wenn ich sie jetzt aus der Hand lege. Ich schwinge den Hammer mit qualvoller Hast, die Frau dämmt mir das Wasser ab mit ihrem Leibe, draußen steigt es an der Mauer hoch. Es steht grün vor dem Fenster, da treibt die Frau vorbei und klopft gegen die Scheibe. Ich sehe ihr angstbleiches Gesicht und schüttle verzweifelt den Kopf, ich kann nicht, warte! Da ruft sie ein letztes Mal anklagend meinen Namen, und die Mauern bersten, und alles stürzt über mich herein.

Ich bin aus dem Schlaf gefahren, eine Weile sitze ich benommen im hellen Sonnenschein und schaue um mich. Da ist nirgends Wasser, auch keine Frau, nur Klaus liegt neben mir und gurgelt behaglich aus seinem Schlummer, den weckt nichts auf. Aber plötzlich höre ich doch wieder diesen Ruf, er kommt vom Wald herauf. Und wahrhaftig, dort unten steckt der kleine Michael bis zum Hals im Gestrüpp und weiß nicht mehr aus und ein.

Ich steige zu ihm hinunter. Michael, sage ich, was treibst du denn? Bist du ganz allein da heraufgeklettert?

Nein, das Fräulein ist auch mitgelaufen. Michael hat sie weiter unten hingesetzt, weil ihr die Luft ausging. Und was ihn selbst betrifft, so ist er bis zum Rand voll mit einer großen Neuigkeit: Der Wachtmeister war da, er hat nach Klaus gefragt.

So, der Wachtmeister. Was wollte denn der?

Das weiß Michael nicht. Er trug das Gewehr bei sich und machte sehr wilde Augen, als er ihn ausfragte. Aber Michael verriet uns nicht, obwohl er unser Feuer längst gesehen hatte. Schieß mich nur tot, dachte er, aus mir bringst du kein Wort heraus.

Und dann entwischte er ihm doch, und jetzt ist er hier, damit Klaus fliehen kann, sicher will ihn der Wachtmeister fangen. Den werden wir schon finden, sagte er.

Alle Wetter, was für ein tüchtiger Bursche ist der kleine Michael! Noch keine acht Spannen lang und schon so mutig und durchtrieben wie ein ausgelernter Räubergesell. Dafür soll er auf den Schultern ins Lager getragen werden, das Fräulein kommt ja auch schon hinterher. Sie weiß aber nichts, flüstert mir Michael ins Ohr.

Gut so, dann wollen wir alles für uns behalten. Dergleichen Dinge sind Männersachen. Merke dir, Michael, Frauen können kein Geheimnis wahren. Zuweilen selbst das nicht, daß sie eins verraten haben.

Aber heute ist das Fräulein ohnehin überaus zahm und friedfertig, natürlich, mit so einer Hitze im Gesicht, mit Schweißperlen auf der Nase kann man gar nicht hochmütig sein. Wir setzen uns noch einen Augenblick ins Kühle.

Klaus schläft da oben, erkläre ich. Und dann füge ich gleich noch etwas Artiges hinzu. Was ist das für ein hübsches Armband? frage ich.

Dieses? sagt das Fräulein und betrachtet es auch. Ja, ein Andenken. Nur ist der Reif ein wenig zu weit. Gestern verlor sie ihn und war schon ganz verzweifelt, bis ihn endlich Michael wiederfand im Gras unter den Bäumen.

Nein, sagt Michael, der es noch mit der genauen Wahrheit hält. Zuerst fand er nur einen Papierknäuel. Er dachte noch, es sei vielleicht ein Zuckerwecken darin, aber es war leider keiner, nur dieses Blech.

Der kleine Michael, auch er muß schon erfahren, was für Enttäuschungen man unter einem Kammerfenster erleben kann!

Inzwischen hat sich Klaus zu uns gesellt, freut ihn der Besuch? Nicht sehr, dem Anschein nach, er ist übellaunig und verschlafen, und obendrein hat er Ameisen unterm Hemd.

Es ist merkwürdig, sagt er, daß sich gerade mir alles an den Pelz hängt.

Darauf hat das Fräulein nichts zu erwidern. Lieber Himmel, warum sitzt sie aber auch so kümmerlich da und zieht die Hand gleich wieder zurück, weil Klaus nicht danach greift? Warum läuft sie überhaupt in einem seidenen Kittel durch Wald und Morast und behängt sich mit silbernem Geschmeide? Klaus mustert sie unbarmherzig mit einem mißfälligen Blick. Ach ja, sagt sie verwirrt, meine Schuhe! Die sind nun wohl ganz verdorben.

Aber das ist nicht schlimm, wir können sie oben über dem Feuer trocknen. Überhaupt werden wir Feierabend machen und einen Schnaps zum besten geben, unserem Besuch zu Ehren.

Ich klettere voraus und blase die Glut wieder an, und dann sitzen wir um das knackende Feuer, trocknen das Zeug und lassen die Flasche in die Runde gehen. Sogar Michael darf in Gottes Namen einen Schluck versuchen, es ist ein Schnaps wie Balsam, und er hat die Ehre verdient. Für ihn ist diese Ehre freilich größer als der Genuß. Die Augen treten ihm förmlich heraus, als fräße er Feuer, aber er verbeißt das Grausen tapfer. Zur Gesundheit, sagt er nach einer Weile ein bißchen mühsam.

Um so besser schlägt es dem Fräulein an, schon beim zweiten Schluck wird sie wieder munter und wetzt ihre Zunge an den Lippen. Was ist es eigentlich mit Klaus, fragt sie, hat er Liebeskummer?

Ach, das Fräulein hat auch mit Scherzen kein rechtes Glück. Sie ist vielleicht nur heraufgekommen, um etwas wiedergutzumachen, aber von Anfang an mißriet ihr alles, nicht einmal das passende Kleid hat sie angezogen. Ich lese verstohlen in ihrem Gesicht — gewonnen, Klaus, gewonnen! Gestern konnte sie noch zürnen und verächtlich tun und dir dieses Armband einfach an den Kopf werfen, und heute trägt sie es demütig zur Schau, obwohl es viel zu weit ist und immer von der Hand rutscht. Und warum das alles? Weil du stolz warst, Klaus. Du hast nicht um Gnade gewinselt, sondern du bist wortlos davongegangen und den Reifen ließest du liegen, wo er hingefallen war. Verloren, Fräulein, verloren!

Klaus antwortet ihr ja gar nicht, er spricht über sie weg mit mir. Ob wir nicht zu viel Zeit vertrödeln? Ob ich meine, daß das Wetter halten wird?

Doch, sage ich gutmütig, das Wetter hält. Und was unsere Arbeit angeht, so haben wir keine große Eile damit, auf ein paar Stangen mehr oder weniger kommt es uns nicht an.

Aber es ist köstlich, hier zu sitzen, mit dem Blick

über das Tal hin, und unten liegt das Dorf mit seinem kleinwinzigen Leben ins Wiesengrün hineingestreut. Wie seltsam, zu denken, daß man selber in dieser Käferwelt daheim ist und voll unnützer Wichtigkeit darin umherläuft, während man, in der Nähe besehen, doch von ganz stattlichen Maßen ist und eine Menge Platz braucht, wenn man einmal auf dem Bauch liegen will. Nur sechsmal kirchturmhoch über den Dingen, und schon wird alles rührend klein und ein bißchen spaßig. Und wenn man das erwägt, dann darf man es wohl auch dem lieben Gott nicht verübeln, daß er manchmal unser Gestrampel von der heiteren Seite nimmt, wie es den Anschein hat.

Nein, ich glaube nicht, daß Gottvater sich ereifern kann, wenn er den alten Michael sieht, wie er jetzt über den Kirchplatz geht. Gleich hält ihn der Geiz wieder auf, und er kratzt etwas aus dem Boden, einen Schuhnagel vielleicht, mit dem er den Schuster um einen Groschen bringen kann. Oder wenn der Herr den Gaul betrachtet, der dort ganz allein einen Streuwagen durch die Gasse zieht, bis er irgendwo ansteht. Ich sehe durch das Glas, wie er den Kopf über den Zaun hängt und Lilien aus dem Pfarrgarten frißt, ungestraft, weil der Kutscher weit hinten bei einem Mädchen steht und ihm etwas sehr Eindringliches zu sagen hat. Ich kann es mir denken, und Gottvater hört es sogar ganz genau, aber auch er schickt nicht Pech und Schwefel über den Kutscher.

Es ist ja nur das alte Spiel im Gange, übers Jahr wird das freilich Tränen geben, und der redselige Kutscher wird seine Sorgen haben. Das ist dann schlimm für die beiden, allein deswegen kann der Mei-

ster das Weltenwerk doch nicht einhalten. Was wissen
wir! Vielleicht müßte er die Sonne anders laufen lassen, bloß um diesem Kutscher aus der Not zu helfen.

Aber wie das auch sein mag, für den, der den Kummer tragen muß, für den ist er riesengroß und bergschwer, er füllt die Welt aus und verfinstert das Sonnenlicht, so groß ist der Kummer, und es macht wenig aus, ob er nun einem Fuhrknecht oder einer Magd oder einem feinen Fräulein auf dem Herzen liegt.

Das Fräulein ist sehr still geworden. Ich habe ihr den Gaul am Zaun durch das Glas gezeigt, den Kutscher und die Magd, aber das kann sie wohl auch nicht fröhlicher machen, diese Geschichte vom Fuhrmann und seiner Liebsten. Sie wolle jetzt gehen, erklärt sie, es sei spät geworden. Eigentlich hatte das Fräulein ja gar nicht vor, so weit zu laufen, aber ihr Begleiter wollte sich nicht zufriedengeben, immer noch ein Stück und noch eins. Ach, dieser zügellose kleine Michael! Dem steht der Mund offen vor Erstaunen und Empörung, er schaut mich an, hat man jemals einen Menschen so schamlos lügen hören?

Aber ich winke ihm heimlich mit den Augen, schweig still, Michael, sei klug! Später bekommst du wahrscheinlich einen Zuckerwecken dafür. Denn der Weise wird nicht von der Wahrheit fett.

Wir schauen den beiden nach, bis sie im dunklen Wald verschwinden. Immer wieder kommt ein Ruf zurück, und ich lege die Hände an den Mund und antworte nach dem Brauch. Auch Klaus versucht es einmal. Er ist wieder besser gelaunt, und das ärgert mich ein wenig. Hat er denn kein Herz? denke ich, und ein Gefühl von Kälte und Fremdheit kommt mich an.

Während wir schweigsam im Stangenholz arbeiten, suche ich nach einem passenden Wort, und schließlich frage ich ihn geradezu: Höre, Klaus, was hattest du eigentlich für Händel gestern nacht?

Gestern? sagt er. Ach, nichts weiter. Das sind so Leute, die keinen Spaß verstehen. Es war gleich wieder Ruhe, sagt er.

So, dann ist es ja gut. Der Wachtmeister hat nämlich nach dir gefragt.

Darauf antwortet Klaus nichts mehr. Schon tut es mir leid, daß ich so grob herausgefahren bin. Er nimmt einen Grashalm auf und schlingt einen Knoten hinein, da bricht der Halm, und er läßt ihn aus den Händen fallen.

Das sei mir wohl sehr unangenehm, sagt er plötzlich voll Bitterkeit, die Sache mit dem Wachtmeister? Aber ich hätte es mir vorher überlegen müssen. Wer sich einen fremden Hund ins Haus nehme, der dürfe sich dann nicht wundern, wenn er Flöhe von ihm bekäme.

Das ist nicht mehr Klaus, der so redet, mein Freund, mein Kamerad. Das ist der fremde Mensch, der so oft vor meiner Türe steht. Er kommt in vielerlei Gestalt und ist doch immer derselbe, wenn er die Hand durchs Fenstergitter schiebt und den Groschen nimmt, den ich ihm gebe, gleichgültig, manchmal auch unwillig.

Der fremde Mensch. Dann rückt er den Hut und geht, und die Stunde später kommt er doch wieder, einmal grauhaarig und krumm, das andere Mal jünger und noch gut auf den Beinen. Schaut die Fenster auf und ab an meinem Haus, schaut mich an und sagt seinen Spruch her, und ich muß jedesmal die Augen niederschlagen.

Ich könnte dir ja einen Schilling statt des Groschens geben, denke ich dann, oder meinen Rock. Vier Röcke habe ich und elf gute Hemden und etliche Paar Schuhe, nimm sie heut oder morgen, wenn dir dann wohler ist. Aber frag mich nicht mit deinen hundert Augen, warum ich satt bin, während dich hungert, ich weiß das nicht. Ich weiß so wenig wie du, nach welchem Gesetz uns die Lose zufallen. Trägst du mir nach, daß du ein ärmerer Mensch bist als ich? Aber das ist mein Unrecht gar nicht. Viel eher liegt es darin, daß ich kein besserer Mensch bin als du.

Lang rede ich mit Klaus, ich will ihm klarmachen, wie nichtig alles ist, was uns trennt, aber das fällt mir unbegreiflich schwer. Es ist ganz einfach, was ich sagen will, ein einziges Wort würde hinreichen, und doch kann ich das Wort nicht finden.

Sobald wir heimkommen, will ich mit dem Wachtmeister sprechen, den kenne ich gut, er wird sicher manches weniger genau nehmen, wenn ich dafür einstehe.

Das ist schon so im Dorf, Geheimnisse kann hier niemand haben. Und dann erzähle ich auch gleich von meinem Plan, die alte Kupferschmiede zu pachten, eine Werkstatt einzurichten. Man würde klein anfangen, das Gerinne müsse man ausbessern, eine Drehbank kaufen und das nötigste Werkzeug, und nach Gelegenheit würde man sich ausbreiten. Allmählich kämen schon auch die Bauern dahinter, was ein geschickter Mann wert ist, es ließe sich ein Handel mit

Maschinen anfangen, immer brauchte man nicht bei der Flickarbeit zu bleiben.

Ja, ja, sagt Klaus dazwischen, vielleicht. Er schneidet sich einen Stecken für den Heimweg zurecht, diesmal ist es ein Fichtenwipfel, keine Weide. Und ich habe ja auch noch gar nichts von der Frau erwähnt, die ich ihm zudenke, das wäre voreilig. Es ist die Hanna, Christofs Älteste, eins von meinen Patenkindern. Etliche Jahre muß man ihr ohnehin noch Zeit lassen, bis sie in Frauenröcke hineinwächst, aber sie trägt sich jetzt schon besinnlicher als die anderen Mädchen, und obendrein ist sie ausnehmend klug und hübsch. Ich habe ihre Mutter auch gekannt.

Nein, davon darf ich dem Kameraden noch nichts sagen, es könnte ihn kopfscheu machen. Genug, wenn er fürs erste sein Wanderleben aufgibt und bei mir bleibt. Er soll sich niederlassen und wieder seine redliche Arbeit tun, das ist mein Rat. Ich lebe selber so. Mag sein, daß im Anhauch der Fremde die Gedanken höher fliegen, ich bleibe mit meinen auf der festen Erde, weil ein Mensch das in seinem innersten Wesen braucht, das Einfache, das Sichere, das Beständige, sagt, was ihr wollt.

*

Gegen Abend kommen wir zu Tal. Wir legen unser Zeug zu Hause ab, und dann gehe ich ins Dorf, um den Wachtmeister aufzusuchen. Klaus, sage ich, warte hier solang, gib mir die Hand darauf!

Ja, ja, antwortet Klaus, die Hand will ich dir geben.

Er sagt das wärmer und herzlicher, als es sonst seine Art ist, und ich bin wieder einmal voll Überschwang und Rührung. Wir stehen vor dem Haus und reichen uns die Hand und schließen von neuem einen Bund der Freundschaft, große Worte brauchen wir nicht. Es ist alles in guter Ordnung zwischen uns beiden.

Klaus tritt zum Brunnen, wie er es immer getan hat, er trinkt aus den verschränkten Fingern und schlenkert dann das Wasser von den Händen. Und wie ich mich noch einmal umwende, sehe ich, daß er lässig auf dem Brunnentrog sitzt und Brot aus der Tasche ißt, seinen Stock hat er an die Tür gelehnt. Dann ist es ja gut, denke ich voll Zuversicht und setze mich in Trab.

Der Wachtmeister breitet mir die Sache umständlich auf den Tisch. Von einem Raufhandel ist nicht die Rede, sondern von einer Erbschaft. Aber auch nichts Großartiges. Was eben ein Dienstmann seinen Kindern hinterlassen kann, wenn er sich hinlegt und stirbt. Eine Uhr, zählt der Wachtmeister auf, ein Paar Schaftstiefel, und für so einen Bettel muß die Obrigkeit nun Himmel und Erde in Bewegung setzen, gar nicht zu reden von den Kosten und Gebühren. Die seien natürlich niemals einzubringen.

Nun, ich meine, es steht dem Wachtmeister schlecht an, so geringschätzig von unserer Erbschaft zu reden. Da starb ein ehrenwerter Mann, Hut ab vor ihm. Es kann ja eine Uhr aus reinem Golde sein, vielleicht hat der Dienstmann einmal einem Prinzen den Koffer zur Bahn getragen, dafür wurde sie ihm verliehen. Und auch Schaftstiefel sind nicht zu verachten, ich trüge selber welche, wenn es um meine Waden besser bestellt wäre. Was aber die Gebühren betrifft, die bezahle ich sofort. Klaus ist mir gut für jeden Betrag, erkläre ich.

Gebt nur acht, daß nichts an der Uhr geschieht! Dafür haftet ihr uns, die Obrigkeit oder die Regierung oder wer sonst.

Unterwegs überlege ich mir, wie Klaus wohl diese Nachricht aufnehmen wird, und ob ich ihm gleich die volle Wahrheit sagen soll. Es könnte ja sein, daß es ihm sehr naheginge, daß er insgeheim doch immer auf einen Ruf wartete, auf ein versöhnliches Wort, und dann hätte er den Groll vergessen und wäre heimgekehrt. Und nun ist der Alte auch hinübergegangen. Er hat den Sohn nicht kommen heißen, Schaftstiefel schickt er ihm.

Aber freilich auch die Uhr, die war ihm gewiß viel wert gewesen. Und als es zu Ende ging, dachte er noch immer an den Ältesten und vermachte ihm sein bestes Stück. Teilt euch das übrige, sagte er wohl zu den Kindern, aber die Uhr und die Stiefel soll Klaus einmal haben.

Ja, ich will mich mit Klaus auf die Bank setzen und will ihm das so auslegen. Laß du jetzt deinen Trotz, will ich ihm sagen, damit der Alte seinen Frieden hat.

Allein die Bank vor dem Haus ist leer, und auch in der Kammer finde ich Klaus nicht. Betroffen schaue ich mich um. Da liegt noch sein Zeug, die Mütze auf dem Bett, sein besseres Hemd am Nagel an der Tür, Tabak auf dem Tisch verstreut, das tröstet mich wieder ein wenig. Es ist doch nicht möglich, denke ich, daß er so wegging, so gleichgültig, einfach die Gasse hinauf und davon?

Nach dem Essen treibt mich die Unruhe wieder aus dem Haus. Ich laufe planlos alle Wege ab, der Mond kommt herauf und lockt mich weit umher mit täuschenden Schatten. Zuletzt sitze ich müde auf dem Anger hinter der Kirche. Dort hockte ich manchmal auch mit Klaus, er mochte diesen Platz gern, weil man so weit und frei ins Tal hinaus schauen kann.

Und hier finde ich nun den dürren Fichtenstock und frische Zweige im Gras, Laub und weiße Späne. Hier hat sich Klaus einen grünen Stecken aus den Haselbüschen geschnitten. Ich sammle die Späne alle in der Hand, und dann kommt Trauer über mich, ein bitteres Gefühl großer Verlassenheit.

Nachts ist mir immer wieder, als ginge die Tür, als hörte ich den vertrauten Schritt auf der Treppe. Ach, vielleicht erfüllt sich die kleine Hoffnung doch, an der ich insgeheim hänge. Ich bin um dieser Hoffnung willen nicht durch den Obstgarten gegangen, nicht an dem gewissen Fenster vorbei. Seltsam, auch der Wurm ist tot, er nagt nicht mehr.

Und am Morgen gehe ich auf meine Wiese und fange wieder zu arbeiten an. Es währt nicht lang, da kommt auch das Fräulein an den Zaun. Nun muß ich wohl die Schaufel weglegen und hinübergehen.

Ja, sage ich zögernd und deute mit der Hand über das Feld: ich bin wieder allein.

Wie? fragt das Fräulein zurück — wie allein?

Ach, ich kann das auch nicht so sagen. Etwas löste sich von mir, ein Teil meiner selbst, etwas starb mir ab und wird nicht wieder zu erwecken sein. Ich nicke dem Fräulein zu, und da wendet sie sich mit einem Ruck und geht weg, sie auch. Merkwürdig steif und schnell geht sie den Weg entlang, ich schaue ihr eine Weile nach. Aber plötzlich lehnt sie sich auf den Zaun und legt das Gesicht in den Arm.

Ich nehme die Schaufel wieder zur Hand und fülle Erde in meinen Schubkarren. Es ist Erde für ein paar Baumgruben, ich will junge Apfelbäumchen in diese Löcher pflanzen.

Denn sehr weit ist der Herbst nicht mehr.

# KALENDERGESCHICHTEN

DIE SCHÖPFUNG

Wißt ihr auch, wie es zuging, als Gottvater die Welt erschuf, die Berge und alles, was ihr seht, die Almen und Höfe und die Dörfer, deren etliche sicher noch viel größer und schöner sein werden als unser eigenes Dorf?

Im Anfang war davon nichts vorhanden, soviel ist euch bekannt. Freilich müßt ihr das richtig verstehen, nicht, als sei Gottvater eine Ewigkeit her sozusagen bettelarm gewesen. Er besaß natürlich schon immer sein Himmelreich, das ihr euch ungefähr wie eine prächtige Wohnung vorstellen müßt. Ihr werdet sie ja dereinst selber sehen, wenn ihr euch danach aufführt, beschreiben kann man sie nicht.

Dort lebte der Herr also mit der Dienerschaft seiner Engelscharen, und nichts ging ihm ab, außer vielleicht ein wenig Kurzweil dann und wann. Denn das lustige Volk der Heiligen fehlte ja noch, und die Engel hatten auch ihr Lebtag nichts anderes zu besingen gelernt als seine eigene Herrlichkeit.

Aber das verdroß den lieben Gott kaum einmal, etwas anderes verleidete ihm schließlich sein schönes Himmelshaus. Innen konnte es ja gar nicht besser sein, aber außerhalb, versteht ihr, außen herum war alles wüst und leer.

Darum fing Gott an nachzudenken, was sich aus dem Nichts, dem leeren Weltgehäuse wohl machen ließe, und nachdem er vieles ausgedacht und wieder verworfen hatte, blieb er zuletzt dabei, daß ein schöner Garten unterm Himmel doch am besten wäre.

Das Ärgste, dachte der Herr, das Grundübel ist die Finsternis, dem muß man zuerst abhelfen. Er zündete auf der einen Seite ein helles und wärmendes Licht an, und alles Finstere ließ er von den Engeln auf der anderen Seite zusammenkehren. Freilich waren die Engel noch an keine rechte Arbeit gewöhnt und nahmen es nicht so genau, und daher kommt es auch, daß noch heutzutage jedes Ding einen Schatten hinter sich hat.

Die helle Seite nannte Gott den Tag, die dunkle hieß er Nacht, und weil ihm diese schwierige Sache so prächtig gelungen war, freute er sich sehr. Er ließ es fürs erste genug sein und ging in sein Himmelshaus zurück, aber das kostbare Licht sparte er, die Sonne löschte er wieder aus. Und nur, damit die Finsternis nicht von neuem überhand nahm, versah er auch die Nachtseite mit Lichtern von geringerer Art, ihr wißt, es ist bis heute so geblieben.

Aber wie es eben geht, wenn man einen neuen Plan im Kopf hat, der Gedanke an seinen Garten ließ den Herrn nicht mehr ruhen. Gewiß, wenn er sich die Welt bei Licht besah, so war sie nichts als eine trostlose Wildnis um und um, ein scheußlicher Morast, in dem die Berge kopfüber steckten, die Hügel und alles, woran wir jetzt unsere Freude haben. Vielleicht meint da einer oder der andere von euch, er wüßte wohl auch ungefähr, wie so eine Sache anzupacken wäre, etwa, weil er einmal eine Wiese trockengelegt oder einen Acker geebnet hat. Aber Äcker und Wiesen sind doch wenigstens vorhanden, und damals war nichts vorhanden, darin liegt die Schwierigkeit.

Zuerst begann der Herr natürlich, das Wasser abzuleiten und in der Tiefe anzusammeln, wo es weiter nicht mehr schaden konnte. Und zugleich gab er auch dem Land, das trocken herausstieg, einen gefälligen Umriß. Auch das müßt ihr recht betrachten, ihr hättet die Erdteile vielleicht viereckig gemacht oder sternförmig, es wäre gewiß eine ordentliche, eine übersichtliche Welt geworden. Gottvater aber machte sie schön.

An manchen Orten formte er die Ufer steil und schroff und ließ die Wasser gewaltig dagegenbranden, anderswo wieder verlief das Gestade sanft und flach. Und wiederum schnitt er Buchten ins Land hinein und lagerte Inseln davor, damit das Wasser innerhalb ruhigbliebe und daß es ein lieblicher Anblick wäre. Überhaupt kostete dieser Tag der Schöpfung am meisten Schweiß. Gottvater geriet in Eifer, immer wieder fiel ihm etwas Neues ein, und vor allem die Berge machten ihm Freude. Er schuf sie groß und klein, sanft gebuckelt und scharf gespitzt in allen Spielarten, und dann mußten die Engel ihre Flügelkleider schürzen und die Berge dahin und dorthin versetzen. Es wurde ihnen sauer genug. Denn daß der Glaube allein dazu ausreicht, das ist nur eine Redensart. Und wenn bei dieser Arbeit dann und wann einem Erzengel ein Stein aus der Krone fiel, so wißt ihr es zu deuten, warum wir zuweilen Amethyste und Saphire und den kostbaren Smaragd im Geröll unserer Berge finden. Der Herr ließ den Engeln keine Nachlässigkeit hingehen, er achtete streng darauf, daß alle Gipfel richtig auf ihrer Breitseite standen und daß die Täler dazwischen geräumig wurden, nicht zu schattig und zu steil, und daß auch jedes sein Flüßchen hatte — was wäre unser Dorf ohne den Bach, den Gottvater damals entspringen ließ!

Als dieser Tag zu Ende ging, war der Herr selber rechtschaffen müde geworden. Er hieß die Engel aufräumen und allen Schutt und Abfall und was an Bergen übriggeblieben war, an einer entlegenen Stelle ins Meer schütten, sie stechen dort noch heute als Inseln aus dem Wasser. Dann erst machte Gott Feierabend und besah sein Werk und war zufrieden mit sich und der Welt.

Freilich, am andern Morgen gefiel sie ihm schon weniger gut, so geht es jedem, der gar zu eifrig hinter einer Arbeit her ist. Nicht, daß dem Herrn etwas sichtlich mißraten wäre, nein, es kam ihm nur alles so kahl und leer vor, weil es ja noch nichts Lebendiges und Bewegtes auf dem ganzen Erdenrund gab, außer Wasser und Wind. Gottvater fing zu grübeln an. Im Nachdenken nahm er eine Prise Staub vom Boden auf und blies sie wieder von der Hand, wie wir es wohl auch tun, wenn uns etwas Schwieriges durch den Kopf geht. Aber Staub bleibt Staub, soviel unsereins auch dagegenblasen mag, während Gottes Atem die toten Sandkörner so erweckte, daß sie niederfielen und sich wie Samen aus der Erde begrünten.

Sicher waren es nicht gleich Nelken und Rosmarin, die zuerst wuchsen, sondern ganz schlichte Kräuter, Bärlapp vielleicht, oder überhaupt nur Gras. Aber Gottvater sah doch gleich, wo das hinauswollte, und er half dem Bärlapp und den Gräsern auf die Sprünge, daß sie sich ausbreiteten und vielfältig verwandelten.

Etliche wagten etwas und trieben Blüten hervor, immer schönere und buntere, als sie merkten, daß es Gott gefiel. Und als alle Farben des Regenbogens vergeben waren, umhüllten sich manche obendrein mit Wohlgeruch, um die Schwestern im Wettstreit zu überbieten. Eine war darunter, so anmutig von Gestalt, so köstlich duftend, daß sie meinte, die Königin der Blumen zu sein, und darum wuchs sie hoch über alle anderen hinaus. Da bog der Herr ihre Ranken zur Erde zurück und heftete sie mit Dornen nieder und die Rose schämte sich ihres Hochmuts und errötete ein wenig.

Nun wollte der Herr aber doch auch höhere Gewächse haben, deshalb erlaubte er einigen, stärker zu wachsen. Und sie schmückten sich mit der Fülle glänzenden Laubes, wie die Eichen und Buchen, oder sie trugen ihre schlanken Wipfel mit edlem Ernst, wie die Tannen in unseren Wäldern.

An diesem Tage war Gott sehr heiter gestimmt, als er die Bäume und Sträucher und Blumen erschuf. Er bedachte auch, daß nun eine gute Ordnung in den Lauf der Zeit käme. Den Tagen gab er ihre wechselnde Länge, das Jahr teilte er in vier Zeiten, damit alles wohl gediehe. Und wenn ihr zuweilen meint, es sollte nicht so heiß auf eure Saaten brennen, oder weniger lang in euer Heu regnen, so könnt ihr eben Gottes große Weisheit nicht an euren kleinen Sorgen messen. Ihr dürft überhaupt nie klagen, daß der Herr euch etwas verdürbe, weil ihr doch nicht einmal genug Grütze im Kopf habt, das vernünftig unter euch zu teilen, was er euch ungebeten schenkt.

Nun wirkte der Herr schon den vierten Tag, und wenn er alles überblickte, so durfte er wahrhaftig sagen, daß es gut sei, was er gemacht hatte. Die Engel wenigstens meinten, schöner könnten sie sich die Welt gar nicht mehr vorstellen — Halleluja! Gottvater aber, wie alle Väter, konnte sich nicht genug daran tun, die Seinen in Erstaunen zu setzen. Er dachte bei sich, es sei gewiß großartig, daß nun lebendiges Leben überall auf der Erde keimte und blühte und Samen warf. Wie aber erst, wenn es Geschöpfe gäbe, die nicht an ihrem Ort hafteten, sondern frei umherliefen oder flögen oder schwämmen?

Seht, einer von euch, wenn ihm ja ein so köstlicher Einfall in den Sinn gekommen wäre, jeder von uns hätte den Blumen Flügel und den Bäumen Beine wachsen lassen und hätte gemeint, was Wunder ihm damit gelungen sei. Gott der Herr aber behalf sich anders, Gott erfand die Tiere. Auch nicht gleich einen Adler oder einen Löwen, der Herr mußte sich selber erst in dieser neuen Kunst versuchen. Manches Tierchen mißriet ihm ganz und wurde nichts als ein Scheusal, der Ohrwurm zum Beispiel. Andere entsprangen seiner Hand auf Nimmerwiedersehen, ehe er ihnen noch etwas Rechtes beibringen konnte, wie etwa der Floh, der darum auch gar nichts Liebenswertes an sich hat. Wieder bei etlichen vergriff er sich in der Größe, die spien gleich Gift und Feuer aus ihren Drachenmäulern, und Gott mußte sie schnell wieder vertilgen, ehe sie allzuviel Unheil anrichteten.

Aber dazwischen glückte ihm doch vieles und immer mehr von guter Art, denkt nur an das liebe Vieh auf eueren Weiden und an die Bienen, die uns Honig eintragen, oder an die Vögel, die zu unserer Freude singen, und an viel anderes Getier, das uns nicht weiter von Nutzen ist und das wir doch nicht missen möchten, solang das Leben währt, die Schmetterlinge und das drollige Volk der Käfer.

So ging der sechste Tag zu Ende und Gott dachte, daß er sich nun einen Feiertag verdient hätte. Damit die Welt aber nicht ohne Aufsicht blieb, während er in seinem Himmelshause saß und in sich selber ruhte, wie er es früher getan hatte, beschloß er noch am Abend, sich einen Gehilfen zu schaffen, einen Gärtner gleichsam, einen Verwalter.

Glaubt nur nicht, daß er dazu etwas Besonderes nötig hatte. Gott nahm das Nächstbeste, einen Kloß Lehm, wie es die Schrift anstandshalber nennt. Daraus also bildete Gottvater einen Menschenleib. Er machte ihn stattlich an Haupt und Gliedern und ein wenig sich selber ähnlich, denn es sollten ja alle Geschöpfe den Herrn in ihm erkennen. Gott klopfte mit dem Finger auf die Brust des Menschen, da fing sein Herz zu schlagen an. Gott hauchte ihm auf den Mund, da atmete der Mensch und begann zu leben.

Denkt euch, dieser erste Mensch, da saß er nun im Grase und schlug die Augen auf, sah den weißgewölkten Himmel zum erstenmal, sah das Grün der Erde, und er fragte, wie wir alle fragen, wenn uns zuweilen dieses große Erstaunen wieder ankommt. Wer bin ich? fragte der Mensch.

Du bist Adam, sagte Gott.

Und er hieß ihn aufstehen, damit er alles betrachten und seine Glieder gebrauchen lerne. Es war ein freundliches Tal an dem Ort, zwischen sanften Hügeln, mit einem Wasser darin und von Bäumen beschattet. Adam ging an Gottes Hand den Fluß entlang, noch ein wenig taumelig und benommen. Aber schon plagte ihn das Gelüst, da und dort von den Früchten im Gezweig zu kosten. Es wollte dem lieben Gott gar nicht sonderlich gefallen, daß Adam so seiner Neugier nachgab und daß er obendrein das Gesicht verzog, wenn etwa die Pflaumen ein bißchen zu sauer waren. Und um dem Fürwitz beizeiten einen Riegel vorzuschieben, zeigte er dem Adam einen Baum inmitten des Tales und gebot ihm ernstlich, keinen von den Äpfeln anzurühren, die daran hingen. Denn sowie er von einem äße, sei er verflucht, immer nach Erkenntnis zu dürsten und nach Wahrheit zu hungern und er werde keines von beiden gewinnen, sondern elend sterben müssen.

Nun, Adam hörte gehorsam zu, aber es rührte ihn nicht sonderlich an, was sollte ihm an etlichen Äpfeln liegen. Gottvater war auch gleich wieder gütig und freundlich gestimmt, er trug seinem Gärtner auf, über den Sonntag nachzudenken, wie die Geschöpfe der Erde heißen sollten. Sie waren ja noch alle unbenannt und ein Fuchs von einem Hasen nicht zu unterscheiden.

So lagerte sich also Adam im schattigen Grund des Tales, und die Tiere kamen herbei, eins von jeder Gattung. Das blinde Gewürm kam aus der Erde, und die winzigen Mücken aus der Luft und selbst die Fische hoben ihre Köpfe übers Wasser und rissen Maul und Augen auf, damit sie nur ja nicht überhörten, wie sie von nun an heißen sollten. Adam aber nannte sie gar nicht mit gelehrten lateinischen Namen, sondern wie es ihm gerade einfiel. Er sagte: du Roß oder du Schaf und das Schaf sagte bäh und war zufrieden mit seinem Namen.

Natürlich reichte ein Tag für dieses Geschäft bei weitem nicht hin, denn Adam hatte nicht nur das Getier zu unterscheiden, auch die Bäume und Kräuter, und das nahm kein Ende. Es ist ja noch heutzutage da und dort in der Welt ein Adam unterwegs und hat nicht Ruhe, bis er irgendwo ein Hälmchen findet, das noch immer nicht weiß, wie es heißt.

Freilich, so viel Schweiß brauchte der erste Adam bei seiner Arbeit nicht zu vergießen. Er lebte überhaupt dermaßen glücklich, daß es mancher von euch, dem sein Dasein sauer fällt, gar nicht wird begreifen können, wenn er hört, auch Adam sei unzufrieden gewesen. Ihr sollt ihn aber deswegen nicht tadeln, sondern sollt an die Stunden denken, in denen es euch selber so erging. Mag einer gleich ein König oder bloß ein Kohlenbrenner sein, zuzeiten wird er seinen Thron oder seinen Meiler verlassen und wird einem Drang in der Brust folgen und doch nicht sagen können, was ihn drängt.

Adam wurde schwermütiger von Tag zu Tag, ruhelos lief er das Paradies auf und ab oder er saß auf den Hügeln und starrte trübselig vor sich hin, bis ihn Gott einmal anrief und fragte: Adam, was fehlt dir?

Ich weiß es nicht, Vater, sagte Adam traurig. Ich bin so allein.

Da wunderte sich Gottvater, daß jemand über das Alleinsein klagen konnte, er war es doch eine Ewigkeit gewesen. Höre, fragte er wieder, habe ich nicht so viele Tiere für dich erschaffen? Geh und suche dir einen Gefährten unter ihnen!

Adam tat so und nahm zuerst ein Kätzchen zu sich. Das schnurrte ihm zwar zärtlich um die Beine und ließ sich das weiche Fell krauen, aber es währte nicht lang, da verließ es ihn plötzlich wieder. Das Kätzchen saß bei einem Kater im Gebüsch und sang mit ihm und mochte nichts mehr von Adam wissen. Das kränkte ihn freilich sehr, dennoch versuchte er es ein anderes Mal und nahm sich das Pferd zum Freund. Damit fuhr er schon besser. Das Roß ließ ihn auf seinen Rükken steigen und er hatte einen starken und mutigen Genossen an ihm, aber auch nicht lang. Eines Tages hörte es eine Stute am andern Ufer wiehern, da warf der Hengst seinen Herrn in den Sand und schwamm hinüber und Adam war wieder allein. Betrübt von so viel Treulosigkeit rief er zuletzt den Hund zu sich. Der Hund wurde nun wirklich sein bester Gespan, denn er liebte Adam mit der ganzen Kraft seines Gemütes. Freilich fand er keine Antwort auf die dunkle Rätselfrage in Adams Brust und von Zeit zu Zeit verschwand auch er. Aber jedesmal kam er doch bald wieder und dann versuchte er tausend Künste, um den Herrn aufzuheitern, und wenn Adam sehr traurig war, saß er bei ihm und trauerte auch. Auf den Hügeln saßen sie nachts nebeneinander und seufzten und heulten zum Mond hinauf.

Gottvater hörte es und erbarmte sich endlich des Mannes Adam. Während er schlief, öffnete er ihm die Seite und nahm ihm das vom Herzen, wonach er sich sehnte. Auch eine Rippe nahm er dazu, damit das Unsagbare Gestalt würde, der andere Mensch, das Weib.

Nun stellt euch vor, wie es Adam zumut war, als er aufwachte und eine Frau neben sich liegen hatte! Malt euch selber aus, ihr Mädchen, wie selig auch Eva sein mußte, weil sie, kaum erschaffen, gleich einen Mann bekam, und weil sie obendrein die schönste von allen Frauen war. Es gab ja noch keine andere, die hätte schöner sein können.

Kein Wunder also, daß sich Adam sofort in das Mädchen vergaffte. Damals wurde alles Tiefsinnige erfunden und zum ersten Male ausgesprochen, was sich Liebesleute zu sagen haben, die Frage: liebst du mich? und die Antwort: ewig!

Adam führte seine Eva im Paradies umher und zeigte ihr alles und prahlte nicht wenig mit seinen Kenntnissen, so, als hätte er es selber gemacht, nicht bloß den Namen dazugegeben. Eva hörte es an und lernte willig, wenngleich in ihrer Art. Zeigte Adam auf ein Blume und erklärte, daß sie Akelei heiße und so und so beschaffen sei, dann sagte Eva: Schöne Akelei! und brach sie vom Stengel und steckte sie hinters Ohr. Oder auch, Adam ließ sie ans Ufer treten, damit sie die Fische bewundern konnte, die bunten Forellen und Barsche, und er kam die längste Zeit nicht dahinter, daß Eva gar keinem Barsch zulächelte, sondern ihrem eigenen Bild auf dem Wasser. Aber er grollte ihr deswegen nicht. Es gefiel ihm ja selber, was er sah, und die beiden würden sich in Ewigkeit nie gezankt haben, hätte nicht Evas Neugier schließlich doch den gewissen Baum in dem Tal entdeckt.

Was für schöne Früchte! rief sie entzückt und griff in das Laub.

Laß die Äpfel! sagte Adam streng.

So. War nun das die große Liebe, von der er immer sprach? Vorhin noch beteuerte Adam, er wolle ihr alles zu Füßen legen, was es Kostbares im Paradiese gab, und nun wurde er gleich grob, weil sie nach einem lächerlichen Apfel griff!

Adam redete der Frau im guten zu, es sei nun einmal verboten, sagte er, von diesen Äpfeln zu essen, Gott allein mochte wissen, warum. Dafür gebe es ja andere Früchte genug. Allein, was half's? Was lag Eva jetzt an Birnen und Trauben, sie schielte doch immerfort nach dem Apfelbaum zurück. Und nach Mittag, während Adam arglos im Schatten ruhte, schlich sie noch einmal hin, um nachzuschauen, ob nicht vielleicht ein Apfel heruntergefallen war.

Da fand Eva aber eine Schlange auf dem tiefsten Ast des Baumes liegen.

Was tust du denn da oben? fragte Eva.

Ich esse Äpfel, sagte die Schlange.

Um Gottes willen, rief Eva erschrocken, laß das bleiben! Sonst mußt du elend sterben.

Ach, zischte die Schlange abfällig zurück, hat man dir das auch eingeredet? Nun, sie konnte wirklich nur den Kopf schütteln vor so viel Leichtgläubigkeit. Wußte denn Eva noch immer nicht, was doch längst jedermann im Paradiese wußte? Daß es der Baum der ewigen Jugend war, den Gott aus lauter Eigennutz seinen Geschöpfen vorenthielt, weil er ihn für sich allein haben wollte?

Ißt denn er selbst von den Äpfeln? fragte Eva.

Versteht sich! Wie sonst wäre der alte Herr so lange rüstig und munter geblieben.

Ja, so ging es zu, so verloren wir das Paradies. Aber scheltet auch ihr deswegen eure Mutter nicht, ihr späten Töchter der Neugier! Es bisse heute noch jede von euch in den sauersten Apfel, wenn ihr ewige Jugend dafür verheißen würde. Und so mancher Adam legte sich einmal zur Unzeit aufs Ohr und schlief in sein Unglück hinein.

Genug, Eva brach den Apfel und aß davon. Er schien ihr köstlich zu schmecken, süßer als jede andere Frucht, keine Rede davon, daß ihr im geringsten übel wurde. Sie lief und suchte Adam, damit er auch von dem Apfel koste und seiner Rechthaberei überwiesen würde. Und Adam, noch schlaftrunken und ahnungslos, schluckte auch den Bissen hinunter, ehe er begriff, was ihm die Frau in den Mund gesteckt hatte.

Ach, da stand er nun und würgte an dem Brocken, aber das Unheil war nicht mehr aufzuhalten, es hatte den Weg gefunden, den es nachher so gerne ging: durch des Menschen Mund.

Eva freilich wollte keine Vorwürfe hören, sie maulte auch noch, was fände Adam denn so großartig an diesem Paradies, fragte sie, was hätten sie zu verlieren? Und es sei überhaupt schamlos, sie anzustarren, während sie nackt unter dem Himmel stehen müsse und nicht einmal eine Feder anzustecken habe, wie der lumpigste Vogel im Gebüsch.

Adam sah um sich, in seiner Einfalt dachte er, ein Feigenblatt genüge vielleicht für das Nötigste, eine Art Schürze, aber dabei blieb es dann nicht, das wissen wir alle.

Indessen war es Abend geworden und Gottvater erfrischte sich ein wenig im Kühlen. Gedankenverloren und nur so im Vorbeigehen zählte er auch die Äpfel auf dem Lebensbaum, und richtig, da fehlte einer. Gottvater hatte das natürlich schon vorher gewußt, es war ihm nur nicht gleich wieder eingefallen.

Sofort nahm er die Schlange ins Verhör. Hast du mir den Apfel gestohlen? fragte er.

Nein, sagte der unverschämte Wurm, du weißt doch, Herr, daß Schlangen keine Äpfel fressen.

Und das mußte Gottvater zugeben, er hatte es ja selber so eingerichtet. Weil er aber der Sache auf den Grund gehen wollte, sah er sich nach seinem Gärtner um. Adam, rief er, wo bist du?

Hier! antwortete Adam nach einer Weile kleinlaut aus dem Busch.

Komm her! sagte Gottvater. Aber das wollte Adam nicht, er konnte doch unmöglich ohne Hosen vor den Herrn treten.

Da holte aber der zürnende Gott den Sünder selber heraus, an den Ohren wahrscheinlich, obwohl nichts davon geschrieben steht, und Adam mußte auf der Stelle bekennen, daß er von der verbotenen Frucht gegessen hatte. Zuerst redete er sich auf Eva aus, weil er dachte, ihr verziehe Gott vielleicht eher, und Eva wieder schob die Schuld der Schlange zu.

Allein es half wenig, Gottvater war nicht mehr zu versöhnen. Weil du von dem Baum des Lebens gegessen hast, sagte er zum Weibe, soll dein Schoß immer wieder Leben hervorbringen, wie dein Mann und Herr es will, aber unter Schmerzen sollst du es gebären.

Und zu Adam sprach er: Ungetreuer, aus der Erde sollst du dich nähren müssen, bis du selber wieder zu Erde wirst. Aber Disteln und Dornen sollen dir mit dem Brot aufwachsen dein Leben lang.

Und auch die Schlange verfluchte Gott, weil sie das Unheil angestiftet hatte. Von Stund an kroch der

Wurm im Staube, gehaßt und verfolgt von allen Geschöpfen.

Und zuletzt trieb Gottvater das Menschenpaar für immer aus seinem Garten. Schon viel, daß er jedem noch einen warmen Kittel schenkte, damit sie wenigstens nicht bettelarm in die Wildnis laufen mußten.

Und deshalb, Leute, pflügt ihr eure steinigen Äcker und düngt die Furchen mit Schweiß und lebt ein mühseliges Leben um eurer Kinder willen. Ihr hungert nach Erkenntnis und dürstet nach Wahrheit, Hunger und Durst treiben euch vor Gottes Tor, aber dort steht der Engel mit dem hauenden Schwert.

Und nichts kann euch trösten, außer: die Liebe.

RÄUBERGESCHICHTE

In alter Zeit, als die Gegend hierzulande noch nicht so wohl bestellt war mit Äckern und Weiden rund um behäbige Dörfer, sondern noch ungehegt und gleichsam bärtig von lauter Wildnis; als noch reißendes Getier in den Wäldern hauste und da und dort im moorigen Grund des Tales vielleicht ein Köhler, der sich die streifenden Wölfe mit Rauch und Feuer vom Leibe halten mußte, in dieser Zeit also lebte eine Bande Räuber hoch oben auf dem zerklüfteten Kamm des Gebirges. Es waren ihrer zwölf Gesellen und alle wohlbeschlagen in ihrem Handwerk, das ein sehr schwieriges Handwerk ist, wie jeder weiß, der sich einmal darin versucht hat.

Die Brüder teilten sich denn auch in die Arbeit, je nachdem einer für diesen oder jenen Kunstgriff besser taugte, wie etwa der dürre Kilian, der einem Kloster entsprungen und darum Meister in allem war, was den Magen und die Gurgel betraf. Oder der Jüngste, den sie in Windeln gefunden und gemeinsam aufgezogen hatten, so daß er gar keinen christlichen Namen besaß, sondern einfach Knorz gerufen wurde, das heißt Schweinchen. Denn er war so klein, daß man ihn gelegentlich in einem Ferkelsack auf einen Planwagen werfen konnte, und hinterdrein brauchten die Brüder nur aufzulesen, was er nach und nach an Frachtstücken auf die Straße rollen ließ.

So war landauf und -ab kein Taler im Strumpf, kein Schaf im Pferch und selbst das Huhn nicht auf der Stange sicher. Zwar zimmerten die Bauern überall in den Dörfern neue Galgenhölzer und knüpften gute hanfene Schlingen daran, aber sie fingen keinen, den sie hätten hängen können. Und darum hörte man auch sagen, es müsse der Leibhaftige selber sein, der die Rotte anführe.

Allein, so war es nicht, der Teufel ging schon damals nie mehr unter die Leute. Die Brüder hatten einen schwarzäugigen Fremden namens Balthasar zum Hauptmann gemacht, nicht, weil er das Handwerk um so viel besser verstand als sie, sondern weil er ein Edelmann war und sich stattlich trug. Denn so lumpig ein Knecht sein mag, er hält doch darauf, einen feinen Herrn zu haben.

Sie fingen ihn einmal zur Sommerzeit auf der Landstraße, aber als sie ihn vom Gaul rissen, um ihn schnell abzutun, stellte sich der Mann plötzlich und zog blank und bediente sie derart mit seinem Spieß, daß sie bald alle weit mehr Löcher im Fell hatten, als einem Menschen von Natur aus zukommen. Schließlich warf der Fremde seinen Degen dem nächsten an den Kopf und schrie, sie sollen Frieden halten. Er wolle sich zu ihnen schlagen und ihr Anführer werden.

Und von der Stunde an blieb er bei den Brüdern. Er machte sich freilich nie gemein mit ihnen und hielt sie auch sonst knapp in der Zucht. Aber gleichenteils sorgte er für sie, und wenn die Rotte einen Anschlag wagte, so war ihr Hauptmann immer der erste voran im Treffen und focht so kühn und so kalt, als hätte nicht auch er einen Kopf zu verlieren gehabt.

Die Brüder merkten wohl, daß der Hauptmann ein unglücklicher Mensch war, der sein Leben für nichts achtete, weil die Schwermut an seinem Herzen fraß wie ein giftiger Wurm. Ach, manchmal sprengte ihm der Kummer beinahe die Brust, so daß sein Wams in allen Nähten krachte. Besonders im Winter focht ihn sein Leiden an, und das war dann eine trübselige Zeit für die Brüder, sie führten durchaus nicht immer ein Leben, wie es im Liede heißt: voller Wonne. Unbarmherzig drückte sie der Frost in den Wald herunter, Wege und Stege waren zugeschneit und wochenlang schnob der scharfe Wind durchs krachende Holz. In den Dörfern hockten Bauern und Knechte daheim und stierten argwöhnisch durch die Stubenfenster, den Prügel an der Hand, und auf den Straßen war auch nirgends ein Schwanz unterwegs, nicht einmal ein Hausierer, dem man ein Maulvoll Branntwein hätte abjagen können.

Freilich gab es Wildbret genug, nur hat eben selbst der kränkste Hirsch noch immer um zwei Läufe mehr als ein hungriger Räuber. Und obendrein galt in den Wäldern ein Faustrecht ohne Regel und Anstand. Es konnte geschehen, daß man einer harmlosen Wildfährte nachging und unversehens einem Bären in die Pranken lief, und dann war es, wie überhaupt auf dieser Welt, leider so, daß man es mit dem ganzen Bären aufnehmen mußte, obwohl man ihn doch nur teilweise gebrauchen konnte.

So hockten denn die Brüder im Winter wieder in Trübsal versunken vor dem leeren Bratspieß am Feuer, der Hunger krachte in ihrem Gedärm, und die Bäume ringsherum ächzten wie lauter Galgenbäume, und der

Schnee stob ihnen aus den Bärten, wenn sie seufzten. In der Höhle aber saß der Hauptmann bei einem elenden Talglicht und seufzte noch viel lauter als alle zwölf zusammen, denn das Herzweh plagte ihn wieder. Manchmal griff er in sein Hemd, nicht nach einer Laus, wie es die Brüder häufig tun mußten, sondern um eine goldene Kapsel herauszuholen, die er an einem Kettchen um den Hals gehängt trug. In dieser Kapsel war ein Bildnis eingeschlossen, das Bild eines Mädchens, versteht sich, und das betrachtete er lang und küßte es inbrünstig. Und dann weinte er wieder laut in die hohle Hand, der Räuberhauptmann, der Ritter Balthasar, von dem die Hirten Lieder sangen.

Was bringt einen Mann so zur Verzweiflung, daß er alles von sich wirft und sein Haar schert und in Sack und Asche geht, wenn er sanft von Gemüt ist, oder daß er ein Räuber und Abscheu der Menschen wird, wenn er Hitze im Blut hat? Was anders als die Liebe, das rosenwangige Unheil.

Die Brüder sahen bekümmert, wie ihr Hauptmann mehr und mehr vom Fleisch fiel. Und weil sie einen so guten Hauptmann nicht so jämmerlich verlieren wollten, taten sie sich insgeheim zusammen und berieten, auf welche schickliche Weise dem Ritter zu helfen wäre.

Etliche meinten zwar, es sei nichts als Melancholie, die wiederum vom Müßiggang herkäme, das gäbe sich alles, wenn sie erst richtige Arbeit fänden. Aber Kilian, der durch eine feinere Schule gegangen war, Kilian erklärte, gegen dieses Übel gebe es nur ein Mittel: man müsse eine Frau für den Hauptmann suchen. Denn er dachte wie seinesgleichen, daß, wer einem Schinken nachtrauert, leicht mit einer Wurst zu trösten sein müsse.

Und als nun das Frühjahr näher kam und die Wege allmählich gangbar wurden, machten sich die Brüder heimlich auf und begannen, die ganze Gegend nach Weibern abzufischen. Anfangs waren sie nicht wählerisch und nahmen irgend, was eine Haube trug, runde und magere durcheinander, dümmliche Mägde von den Äckern fort, die ihre Kartoffelkörbe einfach stehenließen und von selber mitliefen, und andere, die man in einen Sack schnüren mußte, weil sie kratzten und bissen wie wilde Katzen. Die alle schleppten sie der Reihe nach ihrem Hauptmann in den Bau. Zuerst vergossen sie ja redlich Schweiß auf dieser sonderbaren Jagd, weniger mit den Weibsleuten selbst, als wegen der Burschen, die dazu gehörten und die sich das Ihre nicht gutwillig wollten aus der Kammer räumen lassen. Aber merkwürdig, je mehr es sich herumsprach, was für Händel da im Gange waren, desto leichter wurde den Brüdern die Arbeit. Sie brauchten gar nicht mehr lang zu suchen, die hübschesten Jungfern liefen ihnen auf der offenen Straße ins Garn, und manche trug die Röcke schon aufgesteckt, als hätte sie einen weiten Weg vor sich, obgleich sie doch nur in den Büschen am Mühlweiher saß, um ein Hemd auszuwaschen. Oh, es waren welche darunter, so handsam und zutunlich, daß den Brüdern das Wasser im Maul zusammenrann; aber sie unterdrückten jedes Gelüst und ließen dem Hauptmann die erste Wahl.

Um so weniger konnten sie begreifen, warum dem Ritter keine von allen zusagen wollte. Mochten die Bräute maulen oder schämig tun, lächeln oder heulen, er sah sie kaum recht an, schüttelte nur den Kopf und seufzte wieder aus dem Abgrund seines verdüsterten Gemütes.

Sein Jammer hätte einen Stein nicht kalt gelassen, viel weniger die Brüder oder gar die Mädchen, deren etliche sich so an den wehmütigen Blicken des Ritters entzündeten, daß sie auf dem Heimweg schwieriger zu trösten waren als vorher auf ihrem Brautgang wider Willen. Denn damit die Brüder nicht der Weibsbilder wegen untereinander in Händel gerieten, brachten sie jedes gleich wieder an den Ort zurück, woher sie es genommen hatten.

Kilian dachte nun, die Sache schlüge vielleicht fehl, weil sie den Geschmack des Hauptmanns nicht richtig träfen. Es konnte ja sein, daß ein Mann von Adel überhaupt mehr auf innere, denn auf leibliche Gediegenheit sah. Also legten sich die Brüder von neuem ins Zeug, um etwas Besseres aufzutreiben. Das glückte ihnen auch gleich bei einer Pfarrerstochter, die zwar schon ein bißchen säuerlich und angealtert war, aber dafür über die Maßen gebrechlich und so zart, daß sie gleich in Ohnmacht fiel, wenn sie einen von den Gesellen auch nur ganz leise fluchen hörte.

„Ich will gehenkt werden", sagte Kilian, als er sie vor dem Ritter aufpflanzte, „ich will kopfunter gehenkt werden, Hauptmann, wenn das nicht die Rechte für Euch ist. Sie kann in Gold und Seide sticken und die Orgel schlagen und den Psalter lateinisch singen, wenn Ihr Lust dazu habt."

Allein der Hauptmann biß auch auf diesen Köder nicht an. „Laß sie laufen", seufzte er müde. „Amanda ist es nicht!"

„Nein", sagte Kilian betrübt, „sie heißt Therese."
Und weil es ihm soviel Mühe gemacht hatte, dieses kostbare Stück zu erbeuten, schwankte er, ob er sie nicht selber eine Weile behalten sollte. Aber Psalmen mochte er nicht gern hören, und zu sticken und zu orgeln gab es nichts im Wald, deshalb setzte er auch sie beizeiten wieder in den Pfarrgarten zurück.

Indessen war ja auch der Sommer gekommen, und es ließ sich manches besser an. Die Brüder hausten sorglos in ihrem Lager auf der freien Höhe. Bei gutem Wetter dösten sie in der Sonne, oder sie putzten ihr Zeug und flickten ihre Wämser, damit sich der Hauptmann seiner Leute nicht zu schämen brauchte. Andere saßen auf Wache, und dabei geschah es manchem, daß ihn etwas ankam; ein seltsames Gefühl in der Brust, wenn er so allein war und so weit hinausschauen konnte, bis zu den rauchigen Ebenen in der Ferne. Denn von der Wiege bis zum Galgen sind die Wege krumm. Es ist ja nicht so, daß ein Räuber immer nur Blut und Mord im Sinne hat, nein, er sitzt auch gern einmal unter einem Baum im Kühlen und hört die Vögel oben singen und hat seine friedfertigen Gedanken dabei.

Nur wenn der Branntwein zu Ende ging, wurde es Zeit für die Brüder, die Faulheit abzuschütteln und wieder ans Handwerk zu gehen. Der Hauptmann führte sie wie früher, noch verwegener sogar, voll eines düsteren Zornes. Gleich einem Sperber fuhr er unter die Saumknechte, wenn fremde Krämer mit ihren Waren über den Paß gezogen kamen, oder er dachte sich grimmige Listen aus, raubte einmal des Abends den Dorfleuten einen Ochsen von der Weide und schenkte den ganzen Braten einer Zigeunerbande, die unweit am Feuer lagerte. Und während nun der Bauernhaufen ausrückte und über die Zigeuner herfiel, des Glaubens, man hätte endlich die Räuber gefaßt, indessen räumten die Brüder gemächlich im Dorfe aus.

Das wären Späße nach Gelegenheit, fröhlicher wurde der Hauptmann nicht davon. Oft schien es, als suche er den Tod herauszufordern; aber er wollte doch auch nicht billig sterben, und darum focht er so furchtlos und glücklich, daß er bald vollends in den Ruf kam, unverwundbar und mit dem Bösen im Bund zu sein. Die Brüder freilich wußten es anders. Denn jedesmal, wenn sie mit Not einem Abenteuer entkommen waren und ihre Schrammen verbunden und die Beulen gekühlt hatten, wenn also jeder sich's wohl sein lassen konnte, dann fiel allein den Hauptmann das alte Elend wieder an. Nichts konnte ihn ermuntern, nicht der Gesang der Brüder am Feuer, nicht das beste Stück der Beute, er verschmähte alles, selbst den Trunk aus dem Kruge. Aber es braucht durchaus niemanden zu wundern, daß ein Mann wie Balthasar, ein so großer und gefürchteter Räuber, zuzeiten auf den Felsen sitzen und bitterlich in seinen Mantel weinen konnte. Heutzutage ist es freilich nicht mehr so, heute sind nur noch die Starken hart und nur die Schwachen weich. Aber damals waren die Leute noch rund in ihrem ganzen Wesen, sie lebten anders, aus Leibeskräften sozusagen, aus dem Vollen.

Den Bruder Kilian wiederum verdroß es mehr und mehr, daß der Hauptmann so kläglich um den Verstand kommen sollte, während er doch das Zeug dazu hätte, ein General, ein König aller Räuber zu werden. Lächerlich, dachte Kilian, daß sich gar keine sollte finden lassen, die den Ritter von seinem Liebeswahn zu heilen vermochte, wenn man nur ihrer genug zur Auswahl beisammen hätte. Und weil er, wie sich denken läßt, nicht mehr viel Scham im Leibe hatte, kam er auf einen ganz und gar abscheulichen Gedanken.

Es stand nämlich ein Nonnenkloster einsam im jenseitigen Tal. Die frommen Frauen verehrten und behüteten dort ein wundertätiges Bildwerk, das die unbefleckte Jungfrau darstellte. Aber auch sonst führten sie ein ehrbares und weltfremdes Leben, was freilich weiter nicht schwierig war, denn der Ort lag einschichtig, und nur zu den Frautagen kamen Pilger in das Tal herein, um der großen Fürbitterin ihre Anliegen vorzutragen.

Dieses Kloster faßte Kilian ins Auge, als er mit der Unschuld seiner Schlechtigkeit beschloß, noch einmal für den Hauptmann auf Brautschau zu gehen. Und in einer Nacht, die nach Mond und Wetter günstig war, bat er um Urlaub für sich und die Brüder. Sie wollten auf Kundschaft ziehen, erklärte er.

Nicht lange, da scholl Mordgeschrei ums stille Haus der Nonnen; sie wurden ohne Gnade aus den Betten gescheucht und aus allen Winkeln zusammengetrieben. Kilian aber setzte sich auf den ehrwürdigen Stuhl der Äbtissin und begann ein sonderbares Gericht zu halten. Er suche eine Frau für seinen Hauptmann, erklärte er, und darum sollte eine jede von einer Tür zur andern bei ihm vorübergehen, langsam und ohne großes Gezeter, damit er sie recht betrachten könnte, und wenn nur eine vorzeitig entwiche, oder wenn **er** überhaupt die Passende nicht fände, so sollte das ganze Kloster mit Dach und Fach in Feuer aufgehen. Denn wozu sei ein solcher Weibermarkt sonst noch nütze?

Ach, die armen Nonnen! Es wäre unschicklich, ihre Bedrängnis weitläufig zu schildern. Eine um die andere betrat den Saal durch das Tor der Prüfung und verließ ihn wieder durch die Tür der Enttäuschung. Etliche dachten dem Unhold mit Stolz und Hoheit zu begegnen, allein, weil es die älteren waren, und weil nun einmal niemand im Nachtgewande wahre Würde zeigen kann, fruchtete es nichts. Die jüngeren nahmen ihr Schicksal schon weniger schwer. Obgleich auch sie die Blicke niederschlugen, sahen sie doch darauf, das Hemd ein wenig zu raffen, damit sie ja nicht auf die Säume träten und unziemlich zu Fall kämen. An der und jener blieben Kilians Blicke forschend hängen; aber wenn er ihnen schärfer unter die Haube sah, ließ er sie doch wieder ziehen. Denn es geht ja wohl selten eine um ihrer Schönheit willen ins Kloster.

Je mehr die wartende Schar auf der einen Seite zusammenschmolz, desto mehr stieg die Angst bei den Alten und der Mut bei den Jungen, eine jede war fest entschlossen, sich für das Heil der Schwestern preiszugeben. Aber sie mochten freundlich schauen und niedlich tun, so gut sie es immer verstanden, Kilian schüttelte den Kopf und zeigte zur Tür. Ganz zuletzt opferte sich die Äbtissin selber auf, vergeblich, denn auch ihr Gewicht wog nichts auf Kilians Waage.

Es gab keine Rettung mehr, schon rief Kilian nach dem Buben, schon wollte er ihn mit der Brandfackel in den Dachstuhl schicken, da geschah es, daß sich die Tür noch einmal öffnete.

Und die nun eintrat, war schön von Gestalt wie ein Engel und himmelsmild von Angesicht; den Brüdern allen blieb das Maul im Barte offen vor Staunen.

„Wer bist du?" fragte Kilian endlich. „Wie heißt du, bei allen drei Teufeln?"

„Ich bin die Jungfrau", sagte sie, „und ich habe viele Namen. Aber du sollst nicht fluchen, Bruder Kilian!"

„Nein", antwortete Kilian kleinlaut, weil er gleich mit Rang und Namen angesprochen wurde, und diesmal behalf er sich und nahm nur noch Pech und Schwefel in den Mund statt des Teufels, um seine Rede abzurunden.

„Rufe deine Leute zusammen", sagte die Jungfrau. „Ich will mit euch gehen."

Und so tat sie auch. Sie verließ das Kloster mit den Brüdern und schritt vor der Rotte her auf den steinigen Wegen, und es war tiefe Nacht. Aber alle Sterne am Himmel glommen heller auf, und der volle Mond schwang sich über den Wald und warf sein Licht der Wandernden zu Füßen. Auch der wilde Bach floß zahmer und überschäumte die Kiesel nicht mehr, damit die Jungfrau trocken darübergehen konnte, die Brüder sahen's mit Staunen. Manchmal kam ein Wind auf und kühlte ihr sanft die Wangen, und dann fingen die groben Gesellen hinterdrein zu schnuppern an, und ein lieblicher Geruch von Nelken und Lilien zog ihnen in die Nase.

Gegen Morgen wollte die Jungfrau an einer Quelle rasten und sich ein wenig stärken. Da kratzte sich Kilian den Bart und meinte, sie wären nicht mehr weit vom Ziel, er wollte die Jungfrau gern auf seinen Buckel nehmen, wenn sie müde sei. Und zu essen hätten sie leider gar nichts mehr, nur eine kahle Schwarte Speck.

Aber nun kamen Wildtauben aus dem Holz geflogen, jede mit einem schneeweißen Ei im Schnabel, das legten sie der Jungfrau in den Schoß. Und so brachten die Tiere alles, was sie hatten, die Eichhörnchen Nüsse, die Häher süße Kirschen, und zuletzt kam sogar ein Fuchs mit einer Wabe Honig im Maul geschlichen.

Das alles teilte die Jungfrau mit den Brüdern, sie nahmen es folgsam und hatten noch lang an ihren Bärten zu lecken. Zuletzt, als sich einer das Herz nahm und von dem Quellwasser kostete, da schmeckte es wie starker Wein und darüber staunten die Brüder noch viel mehr.

Nach der Mahlzeit faltete die Jungfrau ihre Hände und sprach ein Tischgebet vor. Das war denn doch ein arges Stück für einen Haufen Räuber. Sie zogen auch die Köpfe ein und taten verstockt, aber die Jungfrau sah einen um den andern mit strengen Augen an, und er mochte den Daumen verdrehen, wie er wollte, zuletzt schlug er doch das Kreuz über seiner sündigen Brust.

Nach einer Weile brachen sie wieder auf und erreichten das Lager und fanden den Hauptmann schlafend auf den Felsen.

Die Jungfrau gebot den Brüdern Schweigen. Sie betrachtete den Schläfer lang, sah sein bleiches Antlitz und das edle Ebenmaß der Glieder, sah den Mann, es ist leicht möglich, daß ihr darüber selbst ein wenig Röte in die Wangen stieg. Plötzlich beugte sie sich nieder und nahm die Kette von seinem Hals.

Davon erwachte der Ritter, er sprang auf und stand verwirrt und starrte die Jungfrau an; aber als er die Kette in ihrer Hand liegen sah, brach er nicht in Zorn aus, wie die Brüder fürchteten, sondern er faßte sich schnell, schwang den Hut artig zur Erde und sank zum Gruß in die Knie, und darüber staunten nun die Brüder am allermeisten. Sie wußten ja nicht, was Rittersbrauch ist.

War nun die Jungfrau wirklich von irdischem Fleisch und Blut oder, wie Kilian dachte, ein Elfenwesen oder eine von den Waldfrauen, die manchmal dem einsamen Wanderer in der Wildnis den Kopf verwirrten, jedenfalls entbrannte der Ritter sogleich in einer jähen und innigen Liebe zu ihr. Er wartete ihr auf und war immer um sie, gleichsam wie der Schatten um ihre Füße. Aber wenn einige meinten, es werde nun des Schmachtens und Kosens kein Ende sein, so irrten sie. Die Jungfrau hielt vom ersten Tage an alle gleich kurz im Zügel.

Es gefalle ihr gar nicht, sagt sie, daß die Brüder immerzu auf der faulen Haut lägen und schändlichen Gedanken nachtrachteten, und dabei in Höhlen hausten wie wilde Tiere. Sie suchte selbst einen passenden Platz weiter unten im Wald, dort mußten die Brüder Bäume fällen und Hütten aufschlagen, richtig mit Bundwerk und Dachgestühl; es zeigte sich, daß die Jungfrau nicht wenig von einer sauberen Zimmermannsarbeit verstand. Wollte aber einer murren und mit Verlaub die Frage tun, was das eigentlich für ein

Unwesen sei und ob denn von der Räuberei überhaupt nicht mehr die Rede ginge, dann sah sich die Jungfrau nur nach dem Ritter um und lächelte ihn huldreich an, und es fehlte nicht viel, daß er den Rebellen gleich an die nächste Tanne spießte.

Freilich, als die Hütten fertig waren, und die Brüder wohnten häuslich und warm unter Dach, da gefiel es ihnen nicht übel, und sie wären wohl zufrieden gewesen, hätte sie die Jungfrau nur einmal zu Atem kommen lassen. Aber wo findet Weiberlist ein Ende!

Gleich fiel ihr etwas Neues ein. Jetzt wollte sie auch noch ein wenig Gartenland ums Haus haben, vielleicht sogar ein paar Äcker im Umkreis, das stellte sie den Brüdern wunderbar vor. Aber es war eine verteufelte Arbeit. Man mußte das wüste Holz bis in den Grund hinein roden und Steine brechen und Erde karren, einen Tag um den andern, davon wird ein Mensch hundemüde. Des Abends dachte keiner mehr ans Rauben und Plündern, sondern jeder fiel hin und schlief seinen frommen Schlaf.

Darum, als Kundschaft kam, es seien Kaufleute mit ihren Karren im Unwetter steckengeblieben, brachen sie wohl noch einmal nach alter Gewohnheit auf, und die Jungfrau zog mit ihnen; aber viel Eifer zeigten sie nicht. Zu früherer Zeit wäre das ein gefundenes Fressen für die Brüder gewesen: vollgepackte Planwagen, bis zur Achse im Dreck versunken, abgetriebene Maultiere und verzweifelte Männer, an den Radspeichen hängend — ja, früher hätten sie hier schnelle Arbeit getan. Aber nun wußten sie selber, wie es schmeckt, wenn einem der saure Schweiß ins Maul rinnt, und so geschah es, daß sie alle hinzusprangen, nicht um auf die Leute einzuhauen, sondern um ihnen mit Roß und Karren ins Trockene zu helfen.

Nachher standen die Brüder freilich auf der Straße und sahen ihre Beute davonrollen und hatten sie doch selbst auf die Beine gebracht. Darüber wunderten sie sich ein wenig, sogar der Hauptmann seufzte einmal laut auf. Allein die Jungfrau nahm ihn sacht an der Hand und führte ihn in den Wald zurück, und die Brüder, ach, die wilden Brüder trotteten alle hinterdrein.

Im Grunde waren sie von Herzen froh, als sie wieder in ihrem Räuberdörfchen saßen und Spaten und Hacke zur Hand nehmen konnten. Es waren erfinderische Köpfe unter ihnen, sie legten die Wege mit Platten aus und flochten kunstreiche Zäune um die Gärten, und die Jungfrau lobte jeden nach Verdienst, zupfte den einen am Bart und lächelte den andern freundlich an, und dann knurrten sie zutraulich und verdrehten die Augen. Sie waren ja nicht so gewandt im Umgang wie der Hauptmann, der die Gabe hatte, in Versen herzusagen, was sein Herz bewegte.

Weil nun der Mensch so beschaffen ist, daß er sich um einer einzigen guten Tat willen sogleich zu den Gerechten zählt, mag er auch sonst sein Lebtag liederlich gewesen sein, darum vergaßen auch die Brüder ihre alten Schandtaten mehr und mehr. Sie lebten sorglos und vertrauten getrost auf Gottes Langmut, obwohl doch erst ein paar Wochen seit dem Überfall auf das Kloster vergangen waren.

Eines Morgens aber trennte Kilian ein Goldstück aus seinem Kittel und schickte den Buben ins nächste Dorf. Er sollte Sämereien und Setzlinge kaufen, damit die Jungfrau eine Freude hätte, wenn sich ihr kahler Garten plötzlich begrünte und mit bunten Blüten schmückte.

Allein der Bursche kam alsbald wieder gelaufen und schrie, nun seien sie alle verloren, es zöge ein großer Haufen Soldaten durch den Wald herein. Die Geduld des Fürsten sei endlich erschöpft, sagte man im Dorf. Nicht genug, daß die Brüder Handel und Wandel unsicher machten, sie hätten sich obendrein vermessen, ehrwürdige Nonnen zu berauben, und dafür sollten sie nun alle am Galgen hängen.

Kilian geriet außer sich vor Empörung, als er das anhören mußte. Gab es noch Gerechtigkeit in der Welt? Bezahlten die Brüder etwa nicht rechtschaffen, was sie brauchten? Hatte er nicht eben noch den Buben mit einem guten Gulden zum Krämer geschickt? Was das Gnadenbild beträfe, davon höre er zum erstenmal. Den Nonnen habe jedenfalls keiner ein Haar gekrümmt, und die Jungfrau sei auch von selber mitgelaufen, das könne sie kaum leugnen.

Nein, sie leugnete es nicht, aber was half das jetzt? Man mußte einen Kriegsrat halten. Der Hauptmann nahm das Wort und sagte den Brüdern, es sei gegen die Übermacht mit Gewalt nichts auszurichten, sie sollten sich beizeiten zurückziehen. Er wolle allein bleiben und mit den Soldaten verhandeln, vielleicht, daß er so das Ärgste noch abzuwenden vermöchte.

Da drängten die Brüder freilich zuerst heftig zu ihm und schworen, sie würden ihren Hauptmann niemals im Stich lassen, lieber sterben und verderben. Als aber schon Waffenlärm in der Tiefe zu hören war, spürte doch mancher ein gewisses Kitzeln um den

Hals, einer nach dem andern hatte plötzlich abseits etwas zu suchen und kam nicht wieder, und zuletzt trollte sich Kilian auch davon. Er wolle doch sehen, murmelte er, ob er keinen dieser Feiglinge zum Stehen brächte.

Nur der Hauptmann dachte nicht ans Fliehen, nein, der Ritter Balthasar, der Edelmann. Er beschwor die Jungfrau flehentlich, sie möge ihn doch verlassen, damit sie nicht den Soldaten in die Hände fiele. Anders wisse er sie nicht mehr zu retten. Er selber müsse bleiben, es zieme sich schlecht für einen Mann, seinem Schicksal auszuweichen. Er wolle nur noch um einen ehrlichen Tod kämpfen und durch die Waffe fallen, für die er geboren sei.

Die Jungfrau sah ihn lange schweigend an. „Du sollst nicht sterben", sagte sie endlich mit einem traurigen Lächeln, „ich will für dich bitten!" Und sie zeigte ihm eine Grotte in den Felsen, nahe beim Lager — „dort findest du mich", sagte sie. „Und nun geh und nimm dein Kreuz auf dich."

Die Soldaten staunten nicht wenig, als sie einen einzelnen Mann aus dem Walde treten sahen, der sich keineswegs ergeben, sondern sich mit ihnen allen schlagen wollte. An Tracht und Haltung erkannten sie sogleich, daß er der Anführer sei, und weil sie Befehl hatten, den Hauptmann der Räuber lebendig zu fangen, trachteten sie, ihn mit den Spießen in die Enge zu treiben.

Der Ritter aber schlang seinen Mantel als einen Schild um den Arm, und so focht er und deckte sich geschickt den Rücken im dichten Holz. Wer auf Degenlänge ankam, hatte sich seiner blitzschnellen Stöße zu versehen, alsbald scholl der Wald wider von Geschrei und Waffenlärm, als rennten zwei Feldheere gegeneinander an. Freilich drängte ihn der Haufen Schritt für Schritt in den Wald zurück: aber wenn sie dachten, sie hätten ihn endlich müde gehetzt, brach er unversehens wieder hervor und kühlte ihnen die hitzigen Köpfe mit seiner kalten Klinge.

Viele wankten getroffen davon, viele hockten stöhnend im Moos, schon griff einer erzürnt nach der Muskete. Aber der Anführer der Soldaten, dem die Freude an diesem Kampf aus den Augen sprang, der Junker verwehrte ihm den Schuß und bot dem Ritter einen Zweikampf an.

Sie stritten lange mit großer Kunst und schenkten einander nichts an Finten und Listen. Und als der Ritter, schon matt und abgekämpft, seinen Gegner endlich mit Mühe zu Fall brachte, blutete er selbst aus einer tiefen Schulterwunde.

Nun mußte er sich eiliger vor den Soldaten zurückziehen, die mit doppelter Wut auf ihn eindrangen. Vielleicht hätte er gern ein rasches Ende gesucht, aber er dachte an die Jungfrau und daß sie schutzlos auf ihn wartete. Wirklich gewann der Ritter ein wenig Abstand vor seinen Verfolgern; er fand die Jungfrau noch in der Grotte und taumelte hin, um sie mit letzter Kraft zu verteidigen.

Nun erst schwanden ihm die Sinne und er brach zusammen.

Im Traumesdunkel fühlte er sich aufgerichtet und ins Kühle gebettet, verdämmernd sah er die Jungfrau reglos unterm Tor der Grotte stehen. Noch einmal stöhnte er auf, als ein Soldat mit vorgestrecktem Spieß heranstürmte. Aber plötzlich senkte der Mann die Waffe, hielt inne und schlug ein Kreuz auf der Brust, als sei ihm ein Wunder begegnet.

Nach geraumer Zeit erwachte der Ritter aus seiner Ohnmacht, er richtete sich mühsam auf und horchte. Aller Lärm war verstummt. Und zugleich gewahrte er auch, daß nicht die Jungfrau vor ihm stand, sondern ein lebloses Bildwerk, aus Holz geschnitzt, aber ganz getreu und lieblich anzuschauen, ach, sogleich erkannte er sie wieder! Nun wußte er, warum sich der Soldat bekreuzigte, und daß es die himmlische Frau selber war, die ihn gerettet hatte, sein Leben und vielleicht auch seine Seele.

Man erzählt noch, der Ritter habe nach seiner Genesung das Kreuz genommen und lang im Morgenlande gegen die Heiden gekämpft. Hochbetagt sei er heimgekehrt und in die Einöde gezogen, um der Jungfrau zu dienen, und auch von den alten Gefährten hätten sich viele wieder eingefunden. Denn das Gnadenbild in der Grotte war weitberühmt wegen seiner Wunderkraft, besonders bei denen, die unglücklich liebten.

LEGENDEN UND BETRACHTUNGEN

Legende von den drei Pfändern der Liebe

Da war ein armer Mann, ein Kesselschmied in einem Dorf, der hatte ein Mädchen, mit dem er bald Hochzeit halten wollte. Und das war gut; denn das Mädchen liebte ihn mehr als alles in der Welt. Weil es aber nun am Geld für die Heirat fehlte und weil der Jahre immer mehr wurden, darum suchte der Mann etwas von seiner Ware zusammen und wollte damit in die Fremde ziehen, um seine Kessel in den Dörfern zu verkaufen. „Ich will einen Handel aufmachen", sagte er, „warte auf mich."

Da weinte nun das Mädchen und bat ihn, zu bleiben. „Du wirst nicht wiederkommen", klagte es, „ach, du wirst mir untreu werden und nie wiederkommen!"

Allein der Mann tröstete seine Braut und schwor ihr die Treue mit vielen Worten und dachte doch nur an die Fremde, an das Wandern in der weiten Welt, als er schwor. „Ich will immer bei Tag in die Dörfer gehen", sagte er, „und nachts will ich auf dem Felde schlafen, an den Zäunen und unter den Bäumen, wie sollte ich dir die Treue nicht halten?"

Das Mädchen schwieg und verbarg seinen Kummer

vor ihm. Aber als er auszog, gab es ihm drei Pfänder der Liebe mit auf den Weg: zum ersten ein Band aus dem Haar, zum zweiten den Ring von der Hand und zum dritten ein Messer, das war blank und scharf. „Nimm das", sagte die Braut. „Das Band soll mich finden, der Ring soll dich binden und das Messer..."

Ja, das Messer. Jedenfalls ging der Mann nun über Land und saß am ersten Tag auf dem Markt, handelte mit den Mägden und Frauen, und da war ihm schon wohl bei diesem Leben. Nachts aber schlief er im Heu auf dem Felde, wie er es versprochen hatte.

Nun geschah es, daß sich in der Dunkelheit eine fremde Frau an sein Lager gesellte. „Du gefällst mir", flüsterte sie, „du junger Kesselschmied!" Da freute sich der Mann, weil er nicht allein und verlassen in dieser Nacht auf dem Felde liegen mußte. Er küßte die fremde Frau und vergaß alles und zog sie an sich.

„Hast du kein Mädchen", fragte sie, „mußt du immer so wandern?"

„Nein", antwortete der Mann, „auf mich wartet niemand, ich gehe in die Welt!" Und vor Tag, als die Frau von ihm Abschied nahm, und als sie zu weinen anfing, da schenkte er ihr ein Band für das Haar als Angebinde.

Und am andern Tage kam er in eine Stadt, da war der Handel gut, und er schlug die Hälfte seiner Ware los. Nachts aber ging er dennoch hinaus und schlief an einem Zaun, wie er es versprochen hatte. Und da kam abermals eine Frau aus der Stadt und schlief bei ihm.

„Hast du kein Mädchen daheim", fragte sie leise, „bindet dich nichts?"

„Nein, keine Seele, ich gehe in die Welt! Aber du sollst nicht weinen, ich will dir ein Angebinde geben, einen Ring für deine Hand."

Und am dritten Tag war der Mann schon weit in der Ferne, er tat sich tüchtig um, handelte und verkaufte sein ganzes Wandergut auf den Plätzen, und dann ging er zum letztenmal unter die Bäume, um zu schlafen, wie er es versprochen hatte.

Aber auch in der dritten Nacht schlief er nicht allein, und sie schien ihm die kostbarste von allen zu sein, diese Frau in der dritten Nacht. Die Frau schlang plötzlich ihre Arme um seinen Hals und küßte ihn und weinte bitterlich.

„Was ist dir", sagte der Mann, „warum weinst du so sehr?"

„Ach", sagte die Frau, „ich bin todtraurig. Sicher hast du ein Mädchen daheim, das dich so liebt wie ich und das vor Kummer stirbt, wie ich sterben werde, wenn du mich verläßt!"

Da verlangte der Mann nur noch heißer nach dieser Frau und schwor seine Liebe vor ihr ab, für immer und bis über den Tod. Und am Ende der Nacht bat ihn die Frau um ein Zeichen, daß sie an ihn denken könnte. Aber er hatte nichts mehr, er fand nur sein Messer in der Tasche, und das gab er ihr zuletzt, weil es blank und scharf war, ein hübsches Ding.

Nun war er aber seine Ware losgeworden, und darum dachte er heimzukehren, auf dem Wege, den er ausgezogen war, und vielleicht wollte er nur neue Kessel und Pfannen holen, um dann wieder fortzugehen.

Und als er in der ersten Nacht an dem Zaune schlief,

da kam niemand mehr zu ihm; aber er sah seinen Ring im Grase liegen, und darüber wunderte er sich sehr.

In der zweiten Nacht suchte er seinen alten Schlafplatz auf dem Felde, da war das Haarband an einen hohen Halm geknüpft, und der Mann erschrak bis ins Herz hinein.

In der letzten Nacht kam er endlich heim und fand das Haus dunkel und schwarz verhüllt. „Warum brennt kein Licht in meinem Hause?" fragte der Mann. „Geh hinauf", sagten die Leute.

Und als er in die Stube kam, da lag sein Mädchen auf der Bahre. Da wußte er, daß sie es war, die er dreimal geliebt und dreimal verraten hatte, und nun steckte sein Messer mitten in ihrer weißen Brust.

Ja. Und das ist die Geschichte von den drei Pfändern der Liebe.

Legende vom vergrabenen Herzen

Es lebt da ein Mädchen, das hat Vater und Mutter nicht mehr und steht ganz allein in der Welt, ganz arm und verlassen. Wozu trage ich mein Herz mit mir herum, denkt das Mädchen, es klopft und liegt mir wund in der Brust, ich habe nur Kummer von meinem Herzen.

Und dann geht es also hinaus und sucht einen Stein auf dem Felde, „du sollst mein Herz sein", sagt das Mädchen.

Es ist ein runder, schneeweißer Kieselstein, den vergräbt es nachts in der Erde, und zuletzt pflanzt es noch einen Baum darüber, damit er das Herz behüte und mit seinen Wurzeln festhalte.

Ja, und nun hat das Mädchen also kein Herz mehr in der Brust, nun muß doch alles gut sein. Es geschieht dann, daß nachts jemand an das Haus kommt und klopft, ein fremder Mensch. Oder vielleicht ist es der Bruder, doch, vielleicht hat das Mädchen noch einen Bruder in der Fremde, der ist jetzt heimgekehrt und will bleiben, das Herz hätte es wissen müssen. Aber das Herz ist vergraben, und darum geht der Bruder wieder und wandert traurig fort in die fremde Welt.

Im andern Jahr ist es eine Frau, die abends am Brunnen vor dem Hause sitzt, das Gesicht in der Hand verbirgt und weint. „Ich bin deine Schwester", sagt sie, „sei barmherzig!"

Das Mädchen läuft in der Nacht auf das Feld und fragt den Baum, fragt den Stein in der Tiefe — ist es die Schwester? Aber das Herz ist zu tief vergraben, es schweigt auch dieses Mal. „Geh wieder", sagte das Mädchen zur Frau am Brunnen. „Ich kenne dich nicht."

Und das Haus bleibt lange leer. Die Vögel ziehen alle fort, sogar die Blumen am Fenster verwelken, das Mädchen sieht mit toten Augen zu, wie ringsumher alles stirbt. „Sie ist verflucht", meinen die Männer. „Nein, sie hat kein Herz im Leibe", sagen die Frauen, die es besser wissen.

Aber einmal im Frühling ist es so weit, daß der Baum auf dem Felde zu blühen anfängt, und da geht ein junger Mensch vorbei, der sieht den Baum, wie er blüht, weiß und rot und über und über. Und darum tritt der junge Mensch an das Fenster des

Mädchens, um zu fragen. „Wie kommt das", fragt er, „warum blüht nur dieser einzige Baum auf dem Felde und alle andern sind kahl? Und warum hast du so traurige Augen, bist du verflucht?"

Das Mädchen schweigt. Der junge Mensch hat nach dem Baum gefragt, nach ihrem Herzen unter dem Baum, das rührt sie seltsam an. Sie kann ihn nicht bitten, daß er bleibe, aber sie sieht nicht gern, daß er geht.

In der folgenden Nacht kommt der junge Mensch wieder an das Fenster. „Ich liebe dich", sagt er jetzt und lächelt ihr zu. „Ja, du gefällst mir, mit deinem blühenden Baum!"

Allein das Mädchen kann ihm auch dieses Mal nichts antworten, es ist das Herz, das die Worte gibt, und das Herz liegt begraben. Das Mädchen hört den Schritt des Fremden in der Nacht verhallen. Geh nicht fort, denkt das Mädchen, verlaß mich nicht! Vielleicht ist alles gut, der Baum blüht ja doch. Komm wieder, vielleicht ist mein Herz noch nicht tot, wenn er so blühen kann.

Und in der zweiten Nacht wartet das Mädchen gar nicht mehr auf den klopfenden Finger, sie läuft auf das Feld und kniet hin und gräbt mit den Händen in der Erde; sucht und gräbt. Aber der Baum gibt das Herz nicht zurück, o nein. Er hält es fest mit allen seinen Wurzeln.

Und so kommt der fremde Mann zum letzten Male in der dritten Nacht. Er klopft gar nicht mehr — „ich gehe jetzt!" ruft er laut durch das Fenster. „Du hast kein Herz im Leibe", sagte er, „und dein Baum hat abgeblüht!"

„Nein, bleibe noch!" ruft das Mädchen in seiner Angst, aber der Mann hört es nicht mehr.

Er steht auf dem Felde vor dem Baum und schneidet einen Zweig heraus, einen Stock für den Weg, weil er doch seine Liebe verlassen und wandern muß. Und nun springt plötzlich ein Brunnen Blut aus dem Baum, o mein Gott, ein breiter Brunnen Blut!

Darüber erschrickt der Mann, und er läuft zurück in das Haus. Was ist das, will er sagen, dein Baum blutet ja, sieh her! Aber das Mädchen liegt schon still und weiß auf seinem Bett.

Er schnitt nur einen Stock für die Wanderschaft aus ihrem Baum, da rann ihr ganzes Herzblut in das Gras.

Ja, still und tot, das ist die Geschichte von dem Mädchen, das sein Herz vergrub.

Legende vom Tod

Viele Menschen habe ich sterben gesehen, überall, wohin ich kam, hatte der Tod schon zuvor sein Lager aufgeschlagen, ging umher unter den Menschen und trieb sein Handwerk. Manche griff er schnell an, trat einfach zu ihnen hin, wenn sie unterwegs waren oder fröhlich bei Freunden zu Tisch saßen, und nahm ihnen das lebendige Wort vom Munde. Andere berührte er bloß mit seiner Hand, da schrien sie schon auf und fielen ins Knie. Aber diesen machte er nur sein Zeichen an die Stirn und ließ sie so.

Und wieder welche warteten geradezu auf ihn, verlangten nach dem Tode, sie waren schon lange elend und in Schmerzen oder sonstwie unglücklich. Allein der Tod ging vorbei und sah sie nicht an. Sie glaubten zuletzt schon gar nicht mehr an ihn und verhöhnten ihn, ja, schließlich heilten sogar ihre kranken Glieder, das Glück wendete sich, und es war wieder eine Lust zu leben. Und in diesem Augenblick legte der Tod den Pfeil auf die Sehne.

Aber es war da auch ein Mann, ein junger, starker Mensch, der sterben sollte.

„Höre", sagte dieser Mann zum Tode, „ich bin doch jung und stark, sieh mich an! Ich habe Augen, die sehen scharf, ich bin geschickt und kräftig in meinen Gliedern, und dann habe ich auch ein munteres Herz in der Brust. Mir ist leid um mein Augenlicht, um meine Stärke und um mein Herz, das so fröhlich ist, wenn nun alles unnütz modern und vergehen soll. Gib mir Urlaub! Dann will ich einen Blinden suchen, einen Lahmen und einen Dritten, der sonst unglücklich ist; denen soll alles geschenkt sein, was ich habe."

„Gut", sagte der Tod, der wissend war, „sieh selbst, was daraus wird!"

Der Mann ging also über Land, da traf er einen Blinden an der Straße.

„Ich muß sterben", sagte er zu dem. „Willst du mein Augenlicht haben?"

„Ja, was verlangst du dafür?"

„Nichts weiter", sagte der Mann. „Du sollst es mir danken und sollst mir beistehen, wenn ich sterbe."

Denn es war ihm bang geworden, darum sagte er so.

Da er nun selbst blind war, bat er den, der sein Augenlicht genommen hatte, daß er ihn führen möge, bis sie einen Lahmen fänden. Und als der Lahme gefunden war, sprach er ihn an und sagte:

„Der Tod fragt nach mir. Willst du meine geraden Glieder haben, damit sie nicht unnütz verderben?"

„Ja, gottlob, was verlangst du dafür?"

„Danke es mir, und steh mir bei, wenn ich sterbe!" antwortete wiederum der Mann, denn jetzt war ihm noch um vieles ängstlicher zumut.

Und abermals geleitete ihn der Beschenkte und trug ihn auf dem Rücken mit sich fort, bis sie an einen Ort kamen, wo ein Mensch unter einem Baum stand, ein Verzweifelter. Ja, er schlang schon einen Strick um den stärksten Ast, so verzweifelt war er.

„Laß es", sagte der Mann, „klage nicht mehr, ich will dich trösten! Ich bin lahm und blind, der Tod wartet auf mich, aber ich habe noch ein munteres Herz, das will ich dir geben. Und wenn ich sterbe, sollst du es mir danken."

Über eine Weile kam nun der Tod wieder an den Mann, der alles verschenkt hatte, was ihm im Leben lieb gewesen war, und das Sterben fiel ihm nun seltsam schwer in der Finsternis und in der Traurigkeit.

„Warte noch", sagte er zum Tode. „Ich habe mir Beistand ausgebeten."

Es währte nicht lang, da kam der erste wieder. Aber sieh, dem war das Augenlicht kein Segen gewesen. „Ich verfluche dich", schrie er, „stirb, wie du kannst! Ehedem war ich glücklich in meiner dunklen Welt, und nun finde ich nur Unheil in der anderen, ich habe mein Brot nicht mehr."

Und als der zweite zurückkehrte, dem die geraden Glieder geschenkt waren, da ging es mit dem nicht besser, nein, auch er hatte keinen Dank und keinen Beistand für den sterbenden Mann. „Ich bin ruhelos durch dich geworden", sagte er. „Vorher war die Welt klein um mich, ich saß unter Blumen, in der Wärme alle meine Tage, und jetzt? Jetzt ist die Welt endlos, und es sind Elendsstraßen, die ich wandern muß."

Am schlimmsten aber stand es um den dritten, um den mit dem fröhlichen Herzen. Der war gebunden und in Ketten, als er vorbeizog. „Und der Tag soll verwunschen sein", rief er herüber, „an dem du mich betrogen hast. Denn meine Fröhlichkeit büße ich jetzt im Turm. Stirb du, wie ich sterben muß!"

Ja, und so war da nirgends ein Trost und eine Hilfe, und der Mann hatte einen schweren Tod, verzweifelt und verlassen. Und von dieser Zeit an gibt der Tod keinem mehr Urlaub, damit er etwas zurücklasse oder mitnehme im Guten oder im Bösen. Er schließt die Gräber für immer mit seinem Siegel, und so ist es recht...

Die Legende von den Worten

Es hat Gott in jedes Herz ein gewisses Wort gelegt, das für diesen bestimmten Menschen gut und heilsam und erlösend wäre, wenn er es in der rechten Stunde brauchte, aber nur für diesen. Und nun soll der Mensch sein Wort im Leben finden, damit es dereinst in die Waage fiele, wenn er gerichtet wird.

Aber der Mensch geht unwissend in der Welt umher mit seinem Wort im Herzen. Er ist irgendeiner, vielleicht nur ein Viehtreiber oder auch ein angesehener Mann, das macht nichts aus, und was er zur rechten Zeit sagen müßte, ist auch ganz einfach: „Laß es gut sein" etwa oder: „Verzeihe mir." So lebt er jedenfalls und nimmt seine Jahre hin, allein dabei zeigt sich bald, daß er sein Wort nicht sagen kann, dieser gesprächige Mann, es ist ihm unmöglich.

Einmal in seiner Jugend liebt er ein Mädchen, es mag Hanna heißen. Er spricht mit ihr beim Kirchgang und führt sie zum Tanz, weil ihre Augen so brennen und weil sie so schwer auf seiner Schulter liegt. Der Mann hat tausend schöne Worte für das Mädchen, „immer" sagt er und „ewig" und „laß den Riegel offen" — unzählbar viele schöne Worte, aber das eine ist nicht darunter.

Dann hat er also endlich seinen Willen und auch das Unglück kommt früh genug. Aber der Mann ist schon wieder weit fort um diese Zeit. Nun müßte er eigentlich umkehren, das Mädchen wartet ja auf ihn in seiner Schande. Und er tut es auch wirklich, kommt zurück und bleibt eine Weile und würgt an dem Wort. Vielleicht liebt er die Frau schon gar nicht mehr so sehr. Oder doch, er liebt sie. Steht an der Tür, wendet sein Herz um und um, kann nicht, nein, kann das Wort nicht finden, er geht wieder.

Der Mann läuft nun weiter in der Welt umher, so ein kluger Kopf, er hat die Worte schockweise auf der Zunge. Wir sind alle kluge Köpfe, sogar das Pulver haben wir erfunden, aber das schreckt den Teufel nicht. Der Mann hat Freunde und verliert sie nach und nach. Er hat andere Frauen, auch sie verlassen ihn, und zuletzt ist der Mann ganz einsam, sein Bart wird lang und grau, so einsam ist er.

Eines Tages aber trifft ihn ein Brief unterwegs, trifft ihn wie ein Pfeil in die Kehle. Es stehen nur ein paar dürftige Worte auf dem verwischten Blatt — „hättest du", steht da, „nur ein einziges Mal". Und jetzt weiß also der Mann plötzlich sein Wort, es brennt ihm auf der Lippe, er rennt um sein Leben, um das Leben seiner Seele. Kniet hin und gräbt den frischen Hügel auf, schreit es hundertmal, sein „Verzeihe mir!" Nichts, es ist zu spät.

Das ist also die Sache mit den Worten. Der Mann muß von neuem unterwegs sein mit seiner Last, niemand mehr nimmt sie ihm ab. Er wird alt, immerfort geht er zwischen den Menschen hin und her, sieht die Angst in ihren Augen, die Verstocktheit auch, den Übermut. Rette dich! sagt er dem fremden Menschen. Aber der fremde Mensch lacht nur dazu, das hilft ihm nicht, so ein „Verzeihe mir", das ist nicht sein Wort.

Das lag für ihn bereit, für den einsamen Mann, er fand es nur nicht. Und nun ist es verloren, verloren in Ewigkeit...

Nachts unter Bäumen

Es ist wunderbar, nachts unter einem Baum zu kauern, ganz in sich selbst verkrochen, wie es die Tiere tun, die Rehe im Wald. Auch die Kinder kennen dieses Gefühl geborgener Heimlichkeit — wir waren doch einmal Kinder? Der Mond wandert durch das lichte Gewölk, in seinem Schein bewegt sich alles, Busch und Baum, und auf der Esche klappern die Früchte im Wind.

Man hört den eigenen Atem gehen und das Blut im Leibe klopfen, und die Welt liegt weithin ausgebreitet mit gelösten Gliedern unter dem Himmel, gleich einer mütterlichen Frau, du ruhst in ihrem Schoße.

Wenn du singen könntest, sängest du jetzt. Es müßte ein vergnügtes kleines Lied sein, von einem Pferdchen vielleicht, auf dem du abends in der Dämmerung zur Tränke reitest. Und da säßen die Mädchen am Wasser, viele Mädchen, schöne darunter. Aber eines von ihnen wäre nur deinetwegen gekommen. Dieses Mädchen spräche nicht mit dir und grüßte dich auch nicht, und erst wenn du weit in den See hinausschwämmest, immer weiter in das gefährliche Wasser hinein, dann vergäße es endlich seinen Stolz und riefe nach dir mit angstvoller Stimme.

Und nun könntest du immer weiter schwimmen, es läge dir gar nichts an diesem Ruf. Du könntest am andern Ufer noch einmal winken und von dannen reiten für immer.

Aber das klänge ja viel zu traurig in deinem Lied. Nein, vielleicht kehrtest du doch wieder um auf dem weißen Pferdchen, abends in der Dämmerung. Und dein Mädchen liefe vor dir her mit fliegenden Röcken, und du holtest sie dennoch ein auf ihrer angstvollen Flucht, und das geschähe weit draußen im Felde, wo die Weiden dunkel am Wasser stehen.

Ach, in der Jugend war die Welt weit am anderen Ufer! Wie klein ist sie jetzt, dieses Fleckchen Erde, wie einsam und verloren! Man sieht den spitzen Kirchturm aus dem milchigen Dunkel ragen, das schiefe Dach der Säge, ein paar Häuser, die sich im Schlaf umklammern. Es läßt sich nicht gut sagen, wie merkwürdig es ist, daß so vieles gleichzeitig geschieht. Daß in diesem Augenblick hunderttausend Schreie zum Himmel aufsteigen. Schreie der Lust, der Klage, des ersten und des letzten Atemzuges. In dieser Minute kniet ein Hirt in der Wüste auf seinem Teppich und verneigt sich neunmal vor Gott. Anderswo steht ein Mensch vor einer Tür und denkt an Mord, es ist ein Mensch mit einem blonden Bart und einer grünen Halsbinde, genau so. Städte liegen jetzt strahlend in der heißen Sonne, aber im Norden, mitten im Eis, kämpfen ein Mensch und ein Rudel Hunde um das Leben, dort ist Kälte und erbarmungslose Nacht. Und das alles geschieht wirklich und wahrhaftig jetzt, bedenkt das einen Augenblick, und dabei ist doch jeder Mensch allein, seine Not und seine Freude ist das Letzte und Wichtigste in der Welt. Diese Welt ist unermeßlich groß, wir aber halten unsere Grenzen für die ihren. Der Mensch ist ein zertrümmerter Spiegel, aus den Scherben notdürftig wieder zusammengeflickt, und darum verwirrt sich alles in ihm.

Gott sitzt hinter dem Busch

Man geht über ein Feld, das geschieht in der Dämmerung. Irgend etwas hat man zu tun gehabt, eine nicht ganz saubere Sache. Keine große Übeltat natürlich, man will nur jetzt allein sein und rasch über dieses unbehagliche Feld gehen.

Nun gut. Aber da steht ein Busch in der Wiese, etwas abseits, nicht gerade auf dem Wege, ein widerliches, ein lästiges Gesträuch. Das bauscht sich auf und bewegt die Zweige im Wind, das raschelt und wächst vor den Augen in den Himmel, es ist gar nicht möglich, an diesem Busch vorbeizukommen, ohne sich Gedanken zu machen. Plötzlich weiß man bestimmt: da sitzt jemand, da hockt etwas hinter dem Blattwerk und beobachtet dich mit deinem schlechten Gewissen, mit deinem unruhigen Schritt.

Jetzt bleibst du stehen und denkst nach. Du schüttelst den Kopf und lächelst über dich selbst, über diesen merkwürdigen Einfall. Dann klopfst du auf die Tasche und gehst wieder — lächerlich, eine Staude. Aber das alles hilft nicht.

Vielleicht solltest du hingehen, das tust du also schließlich. Du schlägst unauffällig einen Bogen, betrachtest da und dort etwas auf der Erde, und auf diese Weise gewinnst du die andere Seite. Kommst nahe hin, natürlich, es ist niemand da, keine lebendige Seele! Schließlich gehst du auch rundherum, ein zweites Mal sogar — nichts! Gras, Maulwurfhügel, ein kleiner Vogel.

Aber nun zeigt es sich, daß dir auch damit nicht geholfen ist. Nach einigen Schritten hast du doch wieder allerlei Zweifel. Es ist ein dichter undurchdringlicher Strauch, unmöglich, daß nun wirklich und wahrhaftig nichts, niemand hinter diesem Busch hocken soll. Du bist rundherum gegangen — kann das vielleicht etwas beweisen? Nein, du kannst jetzt nicht weiterwandern, mit diesem Busch, diesem Augenpaar in deinem Rücken.

So stehst du da und weißt nicht, was mit dir geschieht. Es ist doch ein ganz ungewöhnlicher Abend, kein Zeichen am Himmel, keine Stimme aus der Erde.

Und plötzlich wunderst du dich gar nicht mehr, aber du kehrst um und läufst den Weg zurück. Rennst auf das Postamt und läßt dir deinen Brief wieder aus dem Kasten geben. Zerreißt ihn in hundert kleine Stücke, deinen Brief, und streust ihn auf dem Heimweg rund um den Busch im Felde.

Nichts weiter. Es geschieht nur so allerlei. Man kommt in eine Kirche, kniet zerknirscht vor seiner Kerze, verneigt sich viele Male vor den heiligen Bildern, aber Gott hört einem gar nicht zu, in dieser prächtigen Kirche. Er wartet hinter dem Busch, oder unter der Brücke, und ein anderes Mal beugt er sich nachts in der Dunkelheit über dein Bett...

Die Welt ist ein Meer

Die Welt ist gleich einem Meer, einem ungeheuren in sich ruhenden Wasser. Gottes Atem fährt darüber hin und wirft Wellen aus der Fläche, Wellen von unendlicher Vielgestalt. Sie türmen sich schäumend auf, überschlagen sich kämpfend und stehen eine Weile mit tausend Farben und Formen im Licht. Einige sind klein und armselig und sterben schon im Werden. Andere schwingen sich hoch auf, ihre Krone wirft sich göttlich gegen den Himmel, aber auch sie sinken zurück und vergehen, bis Gott sie von neuem aus der Tiefe reißt.

Die Welt ist aber auch ein Haus, ein riesiger Palast mit vielen Türen, und hinter jeder Tür hält Gott eines von seinen Geheimnissen verborgen. Da läuft nun der Mensch durch dieses Haus, er hält einen

Schlüssel in der Hand und sucht nach der Tür, für die sein Schlüssel paßt. Anfangs ist dieser Mensch noch wohlgemut und fröhlich, das Haus des Lebens dehnt sich grenzenlos vor ihm aus, darum liegt ihm gar nichts daran, wenn er jetzt ein paar von Gottes Türen unbeachtet hinter sich läßt. Er sieht ja immer wieder eine andere vor sich, von der er alles erwartet, und auf diese Weise gerät der Mensch allmählich in die Irre, und die Not beginnt.

Er ist vielleicht längst an der richtigen Tür vorbeigelaufen, die war nur klein und unscheinbar, nur eine Luke in der Mauer, kein mächtiges Tor mit Säulen und goldenen Angeln. Und nun ist alles vertan, er muß ja dennoch weiterwandern und suchen, und sein Schritt wird müde und sein Haar wird grau. Und am Ende gelangt er wirklich an die letzte Tür. Da sitzt ein Engel auf den Stufen, ein Riese in brennenden Tüchern. Auch er hält einen Schlüssel in der Hand, und das ist der Schlüssel, der alle Türen öffnet.

„Wer bist du?" fragt der Mensch und greift an sein Herz.

„Ich bin der Tod", antwortet der Riese ...

Lob der Wiese

Im Wiesengrund, wo die Ahornbäume stehen, die langschäftigen Eschen und das grüne Gewölk der Haselstauden, da ist mein Schiff vor Anker gegangen. Auch ich war in der Welt, aber das ist lang vorbei, meine Fahnen flattern nicht mehr in fremden Winden, die farbigen Wimpel der Jugend.

Und dennoch ist mir die Welt nicht kleiner geworden, nein, ich lobe meine Wiese. Sie ist groß und unabsehbar geräumig, wenn ich bäuchlings in ihr liege, und den ganzen hohen Himmel habe ich über mir. Ich sehe Halme vor meinen Augen, die haarigen Schäfte des Günsels, das fadendünne Gespinst der Miere auf dem Moos, und ich kann mir gut denken, wie weitläufig und abenteuerlich das Leben in diesem Wald der Gräser sein mag. Käfer sind unterwegs und mühen sich ab, ganz winzige und auch große in prunkvollen Panzern. Ich kenne sie alle, weil ich nicht weiß, wie sie heißen und weil ich darum ihre Namen nicht verwechseln kann. Sie haben es schwer genug, besonders die großen. Immer einmal rollen sie unversehens auf den Rücken und dann müssen sie wohl ein Jahr ihres Käferlebens daran wenden, wieder auf die Beine zu kommen. Andere sind so winzig klein, daß es gar nicht auszudenken ist, wie denn auch sie ihre sechs Beine mit drei mal sechs Gliederchen haben können. Aber sie sind sich selbst groß genug. Ein dutzendmal klettert so ein Käfertier an einem Halm in den Sommerwind hinauf, ein paarmal hat es die mütterliche Sonne am Himmel gesehen und darüber ist es sehr alt und sehr weise geworden. Zuletzt schwirrt es noch ein Stück über die glockenblaue Wiese, es faltet seine Flügel wieder sorgfältig zusammen und dann stirbt es, das Käferchen.

Nun gibt es aber noch diese Halme selbst, diese vielerlei prächtigen, von der zärtlichen Luft bewegten Gräser. Wenn ich die Augen hebe, sehe ich hoch über mir ihre glänzenden Häupter im weißblauen Himmel schwanken. Auch sie sind der Wissenschaft bekannt, es gibt ihrer unzählige, sagt man, tausend Arten vielleicht, oder noch viel mehr. Aber diesen Halm vor mir, dieses feine zitternde Gebilde, den kennt die Wissenschaft nicht. Der ist in der Heimlichkeit geworden, im Frühjahr kam er jung aus der trächtigen Erde, seine krausen Blätter sind ihm zugewachsen, kein anderer Halm in der Welt hat so schön gekräuselte Blätter wie er. Ich habe ihn entdeckt. Einen Namen muß er nicht haben, aber ich möchte wohl einmal seine schimmernde Rispe in die Hand nehmen.

Es ist wunderbar still um den Mittag, und ich höre dennoch die hundertfältigen Geräusche des Lebens um mich her, das Knistern und Schwirren im Gras und auch das Rauschen des Blutes in meinem Leibe.

Die Wiese nimmt mich immer auf, die Erde zieht mich an sich, die gute, braune Erde. Gestern lag ich hier und sah die Knospe einer Flockenblume, aber es kam der Abend, ehe sie aufbrach. Heute blüht sie, und blüht, obwohl indessen vielerlei in der Welt geschah, was mir das Herz schwer macht.

Das ist ein Trost für mich. Versteht ihr, so einfältig wird ein Mensch, der in einer Wiese gestrandet ist. Wenn diese Flockenblume jetzt blühen kann, sage ich mir, muß es dann nicht eine geheime Quelle geben, die ihr und mein Leben speist? Ich bin so wahr in mir selbst wie sie, aber ich irre, weil ich die Wahrheit suchen will. Die Wahrheit muß man sein.

Ich will da nicht länger müßig liegen, aber was kann ich tun? Es ist mir nicht leicht gemacht. Ich könnte wohl etwas aufschreiben, diese paar friedlichen Zeilen, für euch, meine Freunde. Es ist ja nichts Großartiges, ihr lächelt darüber, oder ihr ärgert euch daran

— Gras, ach Gott, Kräuter und Käfer! Aber was ist nun eigentlich wichtig in der Welt? Mein Grashalm wächst und trägt Frucht und stirbt ab, im andern Jahr wird da wieder ein Halm wachsen und verblühen, ungesehen, es weiß niemand darum. Und doch hat sein Dasein so gut Platz und Sinn im Ganzen wie meines.

Vor Gott, Freunde, sind wir alle einerlei Gras. Es sei denn, daß er die schönen Halme liebte und die kümmerlichen verwürfe, wie geschrieben steht...

GANG ZUM GELIEBTEN

Aus dem Hause tritt das Mädchen, aus dem strohgedeckten Haus am Wasser. Das Haus ist alt und armselig, nicht mehr als eine Hütte, aber die Fischertochter ist jung und stolz, eine Prinzessin, wie jeder im Dorf weiß, der die Augen nach ihr verdreht.

Das Mädchen heißt Veronika, was für ein schöner Name ist das! Die Fischertochter könnte leicht einen weniger hübschen haben, das würde nichts ausmachen. Es ist ohnehin viel zuviel, so prächtig dunkles Ringelhaar über der Stirn, so himmelfarbene Augen, solch eine Fülle und Glätte und Wohlgeratenheit hinterm Mieder und unter den schwingenden Röcken und dazu noch dieser Name, der so zärtlich klingt, wie gesungen, ein Vogel könnte ihn erfunden haben.

Gleichviel, so heißt das Mädchen nun einmal. Und jetzt ist es Abend, die sachte Stunde um die Dämmerzeit, und die Luft schon klar und die Erde noch sonnenwarm. Und Veronika tritt aus dem Haus mit einem Korb in der Hand.

In dem Korb liegt ein Fisch unter saftigen Ampferblättern und obenauf ein Stück süßen Brotes. Das alles wird sie nun der Jungfer Gertraud bringen, kein Mensch weiß es anders. Jungfer Gertraud hat zwar auch einen hübschen Namen, aber sie ist schon alt, es hilft nichts mehr. Und darum lebt sie auch nicht bei den andern Leuten im Dorf, sondern ihre Hütte steht einsam draußen hinter der Schafweide, und sonst wohnt dort niemand mehr. Nur noch der junge Jäger mit seinem Hund, aber schon weiter oben im Wald. Wer dächte an den?

Veronika geht am Wasser entlang durch das kühle Spätsommergras, sie hat keine Eile, nein. Drüben steht der Vater in seinem Kahn und ordnet die Netze, und der Vater ist streng und argwöhnisch, er hat schon lang vergessen, wie es einst zuging, daß er eine Tochter bekam.

Aber ein wenig weiter unter den Bäumen verliert er sie aus den Augen, unter den Apfelbäumen am Ufer. Hier steht das Wasser tief und schwarz im Schatten des Laubes, kaum von der Strömung bewegt. Und auch sonst ist alles still und schweigsam und läßt den Abend kommen, die Sträucher am Zaun und das Korn auf dem Feld und das ruhlose Schilf. Manchmal löst sich ein Apfel aus dem Gezweig und klatscht in das Wasser, als sei er dem Baum im Schlaf entfallen, und dann erwacht der Baum und rührt beschämt die Blätter ein wenig. Aus der Tiefe aber schießen erschreckte Fische und gleiten ins Helle hinaus, ihre Leiber blitzen silbrig im Widerschein des Himmels.

Nach einer Weile kommt der Wind über die Äcker heran, der Feierabendwind, gleich versucht er einen Spaß mit dem Mädchen. Er faßt ihre Röcke und blättert sie auseinander, einen rotgeblümten zuerst und einen weißgestärkten darunter, das ist ein frecher Wind. Niemand braucht zu wissen, daß Veronika so festliche Unterröcke trägt, wenn sie zur Jungfer Gertraud geht, niemand weiß es, auch der Vater nicht.

Veronika fängt ein bißchen zu trällern an, sie versucht ein paar Tanzschritte auf dem schmalen Weg. Der Vater ist viel zu alt und zu mürrisch. Der begreift nun einmal nicht, wie es tut, wenn man so ganz mit dem Glück des Jungseins angefüllt ist; so mit lauter Erdenfreude, daß man gleich wie von Küssen schauert, wenn einem nur ein Halm die Wange streift. Lachen hilft nicht, man möchte viel lieber weinen, und die Tränen sind doch auch wieder kein Trost. Ach, oft saß Veronika im Garten und umschlang ihre eigenen Knie und liebkoste sie, bloß um etwas Lebendiges an die Brust zu drücken, sie hatte nichts Besseres. Im letzten Sommer war es noch so, heuer schon nicht mehr, darum trällert sie ja und tanzt auf dem Weg.

Nun aber muß sie wieder sittsam gehen, denn sie kommt an die Brücke und dort steht ein Mann. Sie kennt ihn, es ist der Bauer, dem die vielen Schafe auf der Weide gehören. Er lehnt auf dem Geländer, auch alt und mürrisch, und starrt in das Wasser hinein.

„Guten Abend", sagt Veronika.

„Guten Abend, Mädchen", sagt der Bauer.

„Was tust du hier allein?" fragt sie und schaut auch in die Tiefe. „Was suchst du da unten?"

„Meine Tochter", sagt der Bauer.

Rabenschwarz ist das Wasser und grabestief, und es weht kalt herauf. Veronika sieht ihr eigenes Spiegelbild auf der glatten Fläche, da erschrickt sie bis ins Herz hinein und flüchtet ans Ufer hinüber.

Drüben auf der Weide ist der Spuk bald wieder verflogen. Es duftet warm und würzig aus dem kurzen Gras, die Schafe drängen sich heran und schnuppern an dem Korb, und hinterdrein kommt bedächtig der Schäfer gegangen. Sein Mantel weht ihm um die Beine, dann und wann steigt ein blaues Wölkchen Rauch aus seiner Pfeife.

Der Schäfer ist auch alt, aber nicht mürrisch. Darum fängt er ein Gespräch mit dem Mädchen an. „Wohin des Abends, Veronika, wohin so spät?"

„Zur Jungfer Gertraud", antwortet sie, und darüber kann nur ein Mensch zu kichern haben, der so dumm ist oder so listig wie der Schäfer.

Er geleitet sie auf ihrem Weg und schwatzt über allerlei, ja, wenn er nur jünger wäre! Das Herz hielte noch manches aus, aber die Beine, versteht sich, die Knochen sind morsch.

„Höre einmal", fragt Veronika dazwischen, „wie war es in deiner Jugend, hast du nie ein Mädchen gehabt?"

„Eines nur?" sagt der Schäfer. Oho, ein Kerl, wie er einer war, in früheren Jahren.

„Ach, schweig still!" Veronika will wissen, ob er niemals eine wirklich geliebt hat, und sie ihn wieder, und so aus Leib und Seele, daß sie gleich gestorben wäre, wenn er sie verlassen hätte?

„Ja", sagt der Schäfer ein wenig stiller, „einmal war es fast so. Aber es wurde doch nichts daraus."

„Und warum?" fragt Veronika ängstlich. „Starb sie denn wirklich? Mußte sie ins tiefe Wasser springen?"

„Nein", sagt der Schäfer, wieder fröhlich, „sie ist mir davongelaufen."

Und das läßt sich verstehen, wenn man den alten Burschen betrachtet, kahlköpfig und zahnlos, wie er ist. Wer weiß, ob er in seiner besten Zeit so viel stattlicher war, daß man sich hätte viel um ihn grämen mögen.

„Du hast eine Nelke auf deinem Hut", sagte Veronika zum Abschied. „Schenk mir die Nelke!"

Gern, wenn er sie selbst an ihr Mieder stecken darf. Und nun zeigt es sich, daß der alte Schäfer noch sehr gut Bescheid weiß, wie die Mädchen ihre Mieder knöpfen und wo dort Platz für eine Blume ist, und seine Augen sind mit einem Male so voll Glanz und Feuer, daß Veronika wirklich ein wenig schwach in den Knien wird. Ein Glück, daß sich der Mann jetzt um seine Schafe kümmern muß, ehe sie ausbrechen, sie haben ein Loch im Zaun gefunden. „Schönen Dank!" ruft Veronika nach. Und er winkt mit dem Hut zurück, „nichts zu danken, Mädchen, nichts zu danken!"...

Es dämmert eben erst, aber die Jungfer Gertraud brennt schon Licht in ihrer Kammer. Vielleicht sind ihre Augen schwach, vielleicht wird ihr auch manchmal bang, wenn sie so allein in ihrem Lehnstuhl sitzen muß, es kommt nur noch selten Besuch zu ihr. Freilich, in diesem Sommer hat sie kaum zu klagen. Immer einmal in der Woche spricht Veronika bei der Patin zu und bringt ihr etwas zur Stärkung, einen Kuchen oder einen Fisch, wie diesmal. Sie bleibt dann auch gern ein Weilchen auf dem Schemel sitzen und fragt nach allerlei.

„Jungfer Gertraud", fragt sie, „warum hast du eigentlich keinen Mann genommen?"

Ja, warum? Zuerst mochte sie nicht, sie dachte, es hätte keine Eile. Und als sie sich anders besann, fand sie keinen rechten mehr, da war es versäumt. „Ach, versäumt?" Dabei fällt Veronika ein, daß sie noch ein paar Pilze oben im Wald suchen könnte, die würden gut zu dem Fischgericht schmecken. Aber der Vater dürfte es nicht wissen, der dächte immer gleich an etwas Arges.

„Geh nur zu den Pilzen", sagt die alte Gertraud, „jetzt ist noch die Zeit dafür. Aber nimm nicht alle auf einmal", sagt sie, „damit im andern Jahr auch noch welche wachsen."

Indessen ist es dunkel geworden, viel zu dunkel unter den Bäumen im Wald, Pilze kann man nicht mehr finden. Veronika verhält ein wenig auf dem Wege und schaut in das Tal zurück. Weit hinten liegt das Dorf mit seinen ärmlichen Lichtern, aus dem Fluß steigt schon der Nebel und wallt gespenstergleich über die Felder heran.

Das Mädchen denkt an den Vater, daß er wohl noch vor der Tür sitzt und auf die Tochter wartet. Vielleicht ist er im Grunde gar nicht so mürrisch, sondern er meint es gut, wenn er zuweilen seltsame Reden führt und sagt, wir stünden alle den Fischen gleich vor dunklen Netzen und spürten die Maschen und verfingen uns doch darin.

An den Bauern an der Brücke denkt Veronika, an die Gespielin, die ihre Schande im tiefen Wasser ertränken mußte. Und an den Schäfer auch, dem so viele Mädchen zuliefen, nur das eine nicht, das er am liebsten mochte, das lief ihm davon. Und endlich an die alte Gertraud, die so weise lächeln und so klug raten kann und doch allein in der Kammer sitzen muß. Ach, das ist alles sehr unheimlich und drohend und verworren. Vielleicht sollte Veronika jetzt lieber umkehren und nicht mehr tiefer in den Wald hineingehen.

Aber das Mädchen fragte zuletzt auch sein eigenes Herz, und das Herz klopft wild und jubelt laut auf, weil es doch noch gefragt wird. Es rät besser als das dürre Alter, es weiß nichts von Kummer und Tränen, und sogar der Tod, sagt das Herz, der Tod ist nur ein Trug.

Da wendet sich die Zögernde dem Walde zu, ein wenig später steht sie vor einer Tür und klopft. Schnell wird die Tür aufgetan, ja, und was geschieht dann, was weiter?

Ach, nichts weiter, ihr neugierigen Mädchen. Ihr wißt es alle!

DAS SCHLÜSSELCHEN

Gestern noch waren die Felder öde und wüst, Haus und Garten eine gottverlassene Insel im frostigen Nebel. Aber schon in der Nacht hörtest du den Wind auf dem Dache lärmen, es wurde hell in deiner Kammer, und am frühen Morgen stieg wahrhaftig die Sonne jungfräulich aus dem dampfenden Wald. Den ganzen Tag bist du umhergelaufen, die Lust ist stark und würzig vom Geruch der frisch gepflügten Äcker, und die Bäume blühen. Warum solltest du nicht vergnügt sein und in der Seligkeit dieses Tages ein bißchen vor dich hinsummen, das tun ja auch die Vögel laut genug, die sind wie närrisch hintereinander her. Und es fällt dir ein, daß du vor einiger Zeit einen Brief bekommen hast. Ein kleiner Schlüssel kam da aus der Ferne zurück, ein Blatt Papier, damals lag dir nicht viel daran. Aber heute holst du deine Schrotbüchse aus der Kammer, du suchst dir ein wenig Essen zusammen, Mehl und Fett und Käse, und auch den Schlüssel vergißt du nicht.

Gegen Abend stehst du vor der Hütte auf den Almen, und hier willst du nun eine Woche bleiben, bis das Jungvieh aufgetrieben wird. Die Schildhähne balzen um diese Zeit. Du machst Feuer auf dem Herdstein und schüttelst den Strohsack auf, man muß auch wohl sonst ein wenig Ordnung machen. Vielleicht blühen schon ein paar Anemonen an der Sonnseite, und das Fenster sollte einen frischen Vorhang bekommen, dieser hier schließt nicht mehr gut. Was stand auf dem Zettel? „Auf Wiedersehen" stand darauf.

Du kochst dein Mus am krachenden Herdfeuer, und später sitzest du noch eine Weile vor der Hütte. Aber das bringt dein Herz nicht zur Ruhe, die Einsamkeit, der Glanz des besternten Himmels über dem Berg. Das Rauschen der Luft im alten Gras, ach, und dein schlagendes Blut, das alles mischt sich gefährlich in den Schlaf.

Im Morgengrauen hängst du dein Schießzeug um und bist wieder unterwegs. Die Sonne trifft dich schon hoch oben zwischen den Gipfelfelsen, dort hockst du und wartest. Die Wahrheit zu sagen, Schildhähne gibt es da nicht, auch keine Schneehühner, du wirst deine Suppe ungewürzt verdauen müssen. Aber gleichviel, du lehnst die Büchse an den Fels und streckst dich aus. Ganz und gar müßig bist du ja nicht, du hast sogar etwas Bestimmtes im Auge, das Schutzhaus unten in der Mulde. Und dabei denkst du an einen gewissen Morgen im vergangenen Frühjahr, und daß damals ein prächtiges Stück Wild in dieser Gegend stand, ein Mädchen, kraus und braun und munter auf schlanken Beinen. Aber du verstehst dich zu wenig auf diese Jagd, ein Jahr verging, und es steckt noch immer kein grüner Bruch auf deinem Hut...

„Was suchen Sie denn da?" fragte das Mädchen, kraus und braun.

„Spielhähne", sagtest du, der bärtige Jäger.

Das verstand die Jungfer nicht, man mußte es ihr erklären, Jäger sind artige Leute. Und schließlich war es dir auch erlaubt, neben ihr auf den Steinen zu sitzen und allerlei zu erzählen, dies und das aus deinem rauhen Leben. Das Mädchen hieß Angela, sie wohnte unten im Schutzhaus.

Oh, eine herrliche Zeit! Der Frühling auf dem Berg ist nicht wie anderswo, nicht prunkvoll und prahlerisch, mit einem Übermaß von Blüten und Blumen. Er liegt in der Luft, der Berg atmet ihn aus. In der Stille liegt er, oder im Orgelton des Windes über den Klüften, im Schrei der Raubvögel, im Schleifen und Zischen der Hähne, wenn sie ums Morgengrauen über die taufeuchten Böden huschen. Dieser Frühling ist nicht sanft, Angela, kein zärtliches Getändel, er fällt dich mit Gewalt an, mit einem Male stürzt er dir rauschend ins Blut...

Schlaflos liegen in sternhellen Nächten. Unter dem Reisigschirm kauern, wenn im Zwielicht die Birkhähne raufen. Blitzendes Weiß unter krummen Federn, rasende Liebe, Pulverdampf und Tod, so ist es in jedem Jahr. Aber damals lief Angela mit dir auf und ab durch die Almen. Du lagst an ihrer Seite im Beerenkraut, Schneehühner flogen auf, der Habicht stieß vom hohen Himmel nieder in das Holz. Eine Unmenge Tiere gab es, Hasen und Eidechsen, und feuchtschwarze Molche und ganz fern das Gemswild im Blickfeld des Glases. Spät am Tage, als du allein und traurig warst, holtest du noch Blumen für Angela aus der Wand.

„Ach", sagte sie am andern Morgen, „Himmelschlüssel?"

Nein, Peterstamm. Und du zeigtest ihr die Stellen im Fels, wo der Peterstamm wächst. Kann ein Mensch dort Fuß fassen?

Ja, ein Mann wie du! Du stiegst sogar vor ihren Augen ein Stück hinauf, gestern nahmst du freilich die leichtere Seite, aber gleichviel, nach ein paar Griffen hörtest du Angela rufen, angstvoll holte sie dich zurück.

Gut, wenn es nicht anders sein konnte. Angela, und was den Peterstamm betrifft, so hat es damit eine eigene Bewandtnis.

Es gab einmal ein Mädchen in dieser Gegend, das schlief den ganzen Sommer hindurch allein in seiner Kammer, immer allein. Nachts klopfte es am Fenster, da stand der Jäger im Mondschein vor der Hütte. „Mach auf!" sagte er. „Ich habe Blumen für dich auf dem Hut, Schweißblumen, wenn du den Riegel aufmachst."

Nein, dachte das Mädchen, ich bin mir zu gut. Schweißblumen wachsen nicht hoch genug für mich.

In der anderen Nacht währte es schon länger, bis der Jäger wiederkam, und dann brachte er Edle Raute an das Fenster, die wächst viel höher oben, nicht mehr im Gras.

„Nein!" sagte die Jungfer zum zweitenmal, „laß das Klopfen!" Raute wächst hoch, dachte sie, aber nicht hoch genug für mich.

Und in der dritten Nacht blieb der Jäger am längsten aus. Sein Hemd war naß von Schweiß und Blut, denn er hatte nach Peterstamm gesucht, und so abgründig wie dieser blüht kein anderes Kraut.

Allein, das Mädchen blieb auch dieses Mal hart in seinem Übermut. „Peterstamm blüht am höchsten", rief es durch das Fenster, „aber mein Kranz hängt noch höher!"

Da setzte der Jäger alles daran und stieg ein letztes Mal in die Wände, immer weiter hinauf an messerscharfen Graten. Was für ein Kraut wächst wohl am höchsten zwischen Himmel und Hölle? Ach, ein bitteres Kraut!

Das Mädchen lag und wachte bis zum Hahnenschrei, niemand klopfte an das Fenster. Da wurde ihr bang, sie lief hinaus und schrie und suchte, vielleicht mußte sie nun ihr Leben lang allein in der Kammer schlafen, immer allein. Ja, das mußte sie wohl, denn der Jäger lag tot auf dem Anger. Und er hatte nichts Grünes oder Blühendes in der Faust, nur einen Stein, der so hart und taub war wie das Herz des Mädchens. Alle seine Tränen halfen nicht mehr. Und seither, Angela, seit diesem Tage muß jedes Mädchen den Riegel offenlassen, wenn es abends Peterstamm auf dem Fensterbrett findet.

Angela lag neben dir auf der Halde, während du die Geschichte vom übermütigen Mädchen erzähltest. Der Wind zupfte an ihrem krausen Haar, die Augen gingen dir über, so keck war der Wind. Du mußt etwas wagen, dachtest du. Immer nur im Grase hocken und Händchen drücken und weithin seufzen, das war ja lächerlich! Aber dann wollte Angela plötzlich nicht mehr bleiben, nein, man mußte endlich den Blumen Wasser geben, behauptete sie. Weil es doch so kostbare Blumen waren! Einen Tag bliebst du allein, am andern Mittag gingst du zum Hüttenwirt, um Tabak einzukaufen. Du nahmst auch einen Schnaps und später einen zweiten, Hüttenwirte sind nicht sehr gesprächig. Wer wohnt da oben, wo der Peterstamm am Fenster steht? Eine junge Dame, morgen reist sie ab.

So? Hüttenwirte sind auch sonst schwer von Begriffen. Das kommt und geht eben, junge Dame, alte Dame, ihnen ist es einerlei.

Übrigens war ein Gewitter zu erwarten, es wurde schwül, ein gewisser metallischer Glanz lag über den Bergen. Auf dem Heimweg trafst du unversehens Angela. Sie stand zwar abseits in den Stauden und war feuerrot vor Schreck, als du sie anriefst, aber du hattest recht gut bemerkt, woher sie kam. Es wurde ein fröhlicher Tag, ach Gott, der fröhlichste von allen, und als die Wetterwolke aus dem Westen herankroch, da wart ihr schon weit auf neuen Wegen. Da blieb keine andere Zuflucht mehr als deine eigene Hütte, zufällig traf es sich so.

Ja, plötzlich war alles Licht verdämmert, Angela schwieg betroffen und sah sich um. Im gleichen Augenblick prallte der Wind an den Berg, eine fauchende Welle, eiskalt und grob. Es sang und knisterte im Fels, Vögel schossen schreiend über euch weg, und Angelas Röcke flatterten wie bunte Sturmfahnen auf dem Grat. Unten im Grünen lag die Hütte, ein breites und sicheres Dach, und gar nicht weit, Angela, ganz nahe!

„Nein!" sagte Angela.

Dann aber griff der Blitz durch die Wolke, ein flammender Arm, und schlug Feuer und Rauch aus dem versengten Gras der jenseitigen Kuppe. Einen Atemzug lang erstarb euch das Herz im Gebrüll des Donners zwischen den Wänden. „O Gott", sagte Angela, sehr nahe an deiner Schulter, und jetzt gab sie dir freiwillig die Hand für den Weg durch das Geröll. Der Regen jagte euch unter die Wetterbäume, Angela nahm deinen Hut und auch den Lodenrock über ihr dünnes

Zeug, und zuletzt ranntest du voraus, um die Hütte aufzuschließen. Wenn Angela kam, konnte schon Feuer auf dem Herd brennen, du würdest sogleich einen tüchtigen Topf zusetzen, heißen Tee und Branntwein für das frierende Kind. Draußen wäre Sturm und krachender Donner, und wenn Angela vielleicht noch immer ängstlich war, dann konntet ihr ja auch in der Kammer sitzen, noch nie seit Menschengedenken hat der Blitz in einen Jägerstrohsack geschlagen.

Schon unterwegs grubst du nach dem Schlüssel in deiner Hose, zum Teufel, Pfeife und Feuerzeug und Tabak in allen Taschen, du hattest doch um Gottes willen kein Loch im Hosensack?

„Angela!" riefst du zurück, „hast du den Schlüssel im Rock?"

Ein ganz winziges Schlüsselchen, Angela, aber kostbar. Fünf Zähnchen hatte es, man konnte es wie einen Ring an den Finger stecken, so hübsch und zierlich war das Schlüsselchen. Und ein so prächtiges Unwetter dazu, die Hütte schwamm in Sturzbächen, eine friedliche Arche mitten in der Sintflut, du hattest sogar Lebkuchen eingekauft, nicht nur Tabak, und nun war der Schlüssel verloren! Eine Weile tobtest du wie ein angeschweißter Bär vor allen Luken, aber das half nicht, Riegel und Gitter hielten stand. Du wolltest die Tür eintreten, aber dort saß Angela auf der Schwelle, nein, hier hatte sie endlich einen trockenen Fleck!

Das breite Vordach schützte euch notdürftig, und da hocktet ihr nun, ausgestoßen und sogar um den Apfel betrogen. Das Wetter verfing sich in dem engen Kessel, es zog im Kreis herum mit Blitzen und Güssen, und das mochte in Ewigkeit kein Ende nehmen, Wind und spritzendes Wasser. Vor den Füßen gurgelte ein Bach, Bäche tropften aus deinem Haar, kleine Rinnsale aus den Ärmeln des Hemdes. Aber jedesmal, wenn es dich schüttelte, rückte Angela ein wenig näher an deine Seite, und dafür frorst du ja auch aus Leibeskräften. Zuletzt reichte der Rock sogar für beide, es war vielleicht überhaupt am besten, man nahm einander um den Hals.

„Gib mir die Hand, Angela", sagtest du, „was hast du da in der Faust?"

„Nichts, laß es. — Frierst du noch?"

„Nein, jetzt gar nicht mehr. Willst du wirklich bald abreisen?"

„Morgen", sagte Angela. „Leider", fügte sie hinzu.

Aber sie würde wiederkommen? Im Sommer, Angela?

„Ja, vielleicht!"

Ach, und so verging eine lange Zeit. Ihre Hand gab dir Angela nicht, die vergrub sie fest in ihrem Schoß. Aber du warst nicht eigensinnig, dafür durftest du sonst allerlei wagen. Wie schnell schlug das Herz deines Mädchens, wie sanft war ihre Wange, du dachtest an etwas Kühles und Zärtliches, an ein Birkenblatt im Tau. „Angela", sagtest du, „wenn du wiederkommst, dann blühen die Almrosen, denke dir, alles rot und rot auf unserem Berg!"

Der Himmel brach auf und war dein Zeuge, ja, mochte der Schlüssel verloren sein, du hast dennoch ein treues Herz, wie Gold. Und du wirst immer auf Angela warten, ewig.

„Immer?" fragte Angela.

Aber der Sommer verging, auch der Herbst. Jetzt,

im Frühling, blühen wieder die Anemonen auf der Halde, Enzian und Peterstamm im Fels. Du läufst umher auf den vertrauten Wegen, Unruhe und Kummer im Blut. Streifst um das Haus und suchst die Fenster mit dem Glase ab — alte Damen, junge Damen, keine ist wie Angela.

Was stand auf dem Zettel? Auf Wiedersehn. Eines Morgens wirst du dein Mädchen finden, kraus und braun, sei nur geduldig. Sie wird irgendwo am Wege sitzen oder unter den Bäumen, und wird auf dich warten.

Bei Gott, das wird sie tun!

HANS

Ich habe immer ein unbehagliches Gefühl, wenn Bauern an meinen Zaun kommen, während ich im Garten arbeite. Nicht, daß ich mich meiner Arbeit schämen müßte, ich bin noch heute fast so gut wie jeder Knecht, das darf ich wohl sagen. Übrigens ist es gar keine Kunst, Heu zu machen, das Gras wächst von selber. Tomaten hingegen, Melonen und zartes Gemüse zwischen Junifrost und Oktoberschnee reifen zu lassen, davon begreift der Bauer gar nichts, in seinem Unverstand verachtet er den Gärtner. Ich muß das erwähnen, weil ich bemerkt habe, daß ich auch bei meinen Hausgenossen ein wenig im Ansehen gesunken bin, besonders seit dem Abenteuer mit Hans.

Ja, da tritt also der Bauer an den Zaun, er hängt sogar seine Kuh an und lehnt sich herüber und betrachtet mich nachdenklich, wie ich im Blumengarten mit bloßen Händen Erde herumschleppe, Misterde und sandige Erde und Torfmull dahin und dorthin. Der Mann bewegt abgründige Pläne in seinem Kopf, ich weiß das genau. Vielleicht hat er Brennholz auf dem Anger liegen, schon ein wenig überständig und kernfaul, oder er hat ein uraltes Schaf umgebracht und ist nun unterwegs, einen Narren zu suchen, der es kauft. Eine Weile unterhalten wir uns über allerlei, was das Wetter betrifft, die Gesundheit beiderseits, aber plötzlich zieht er mich am Ärmel zu sich und vertraut mir etwas an: Er hat einen Rehbock zu Hause.

So, sage ich, hast du einen! Meinetwegen, mich geht es nichts an.

Ja, aber das Verteufelte dabei ist, daß er einen lebendigen Rehbock zu Hause hat. Sehr zahm und leibig, das soll heißen gut genährt, und noch ganz klein, versteht sich.

Wie klein? frage ich.

So beiläufig. Wie ein Hüthündchen. Er hat ihn auf der Weide gefunden und aufgezogen wie sein eigenes Kind, aus Gutherzigkeit, die mutterlose Waise. Aber jetzt kommen die Schafe heim, es ist kein Platz im Stall. Und wenn er sich das hier so betrachtet, den Garten und das Krautzeug herum, so meint er, daß ich vielleicht den Bock dazukaufen möchte.

Gut soweit. Ich habe einmal sieben kleine Igel in meiner Schreibstube gehalten, von dem jungen Habicht gar nicht zu reden, der mir den halben Daumen von der Hand fraß. Warum sollte ich nicht einen Rehbock im Garten haben können? Das würde sich großartig machen, denke ich, so ein Rehlein zwischen meinen Blumen, und abends läge es dann wiederkäuend unter der Holunderstaude. Wenn junge Damen kämen, fräße ihnen der Rehbock aus der Hand, und es wäre dann nicht schwierig, etwas Passendes dazu zu sagen.

Aber vielleicht mochte er gar nicht unter den Stauden liegen, sondern er fräße den Holunder und die Astern, die Gladiolen und meine kostbaren Gräser. Ich habe eine Leidenschaft für alle Arten von Gras; mein weiblicher Hausgenosse meint, das hänge mit meiner Gemütsart zusammen. Aber Gräser sind beseelte Geschöpfe, zart und doch voll Kraft, prunkend im Sommer mit den wehenden Fahnen ihrer Ähren und Rispen, verklärt noch im härtesten Frost.

Schließlich kaufe ich den Rehbock doch. Meine beiden Hausgenossen haben sich dazugesellt, von nun an verhandelt der Bauer gar nicht mehr mit mir.

Weil nämlich die Schafe heimkommen, sagt er zur weiblichen Hälfte meines Gefolges, weil kein Platz im Stall ist, darum müßte er den Bock einfach abschlagen — schlachten, erklärt der männliche Hausgenosse. Und das will ich gern zugeben, so etwas ist nicht auszudenken, ein geschlachtetes Reh.

Am Abend wird der Rehbock Hans im Garten freigelassen. Er ist ein stattliches Tier, sein brandrotes Fell leuchtet in der Sonne, unwahrscheinlich dünn sind seine Läufe, und die Augen blicken wirklich so groß und mild und fromm, wie bei den Dichtern geschrieben steht — seine Lichter, erklärt der Hausgenosse. Wir lehnen am Gatter und strecken ihm Hände voll Laub und Zucker entgegen, kein Hans ist jemals mit zärtlicheren Worten herbeigelockt worden. Aber er kümmert sich gar nicht darum, plötzlich schnellt er mit zwei mühelosen Sätzen über alle Beete weg. Ich sehe mit Herzklopfen, was er vorhat: daß er nämlich sogleich darangeht, den Zaun zu untersuchen. Die Hausgenossin streift mich mit einem fragenden Blick, und ich zucke beleidigt die Schultern. Das weiß der Himmel, ob alle Latten standhalten werden, mein Zaun ist mehr auf das Malerische angelegt, nicht für wilde Tiere.

Allein Hans denkt offenbar nicht daran, jetzt schon auszubrechen; er ist nur in allem, was er tut, behender und lebhafter als unsereins. Jetzt wendet er sich dem Gemüse zu. Gut, den Kohl soll er fressen, ich mag keinen Kohl. Ich baue ihn nur an, damit niemand denken soll, er gediehe nicht bei mir. Hans beschnuppert auch die Sträucher und rupft sich da und dort ein Blättchen. Ich höre zwar, daß ein Reh nicht schnuppert, sondern windet, und daß es Blätter äst und nicht rupft, aber jedenfalls stößt die Hausgenossin plötzlich einen beglückten Schrei aus. Er frißt! ruft sie begeistert.

Ja, das tut er wirklich. Carex plantaginea, erkläre ich bekümmert, meine schöne grüne Schleppensegge.

Ach Gott, ich mit meiner langweiligen Botanik! Ich sollte lieber zusehen, wie niedlich Hans sei; humorvoll könne man ihn nennen, anmutig. Er nimmt ein Büschel Gras auf, das hängt ihm wie ein grüner Schnurrbart unter der Nase. Dann schaut er um sich, lebhaft spielen seine Ohren, die Lauscher, und dabei kaut er den Bart langsam in sich hinein.

Ich finde ja auch, daß er sich gut benimmt; aber schließlich habe ich es satt, mir immerfort sagen zu lassen, ich möge doch endlich ruhigstehen, und ich sei überhaupt viel zu ungeduldig und zu grob mit meiner tiefen Stimme. Seht her, ich öffne einfach das Gatter und gehe auf ihn zu, jetzt soll es sich einmal zeigen, ob ich wirklich Erdgeruch an mir habe. Die Arme breite ich aus, ein friedfertiger Adam im Garten Eden, und Hans flieht nicht vor meinem zärtlichen Gebrumm, nein, er streckt den Hals, und dann nimmt er wirklich ein paar Körner aus meiner hohlen Hand. Das Herz stirbt mir ab vor Freude, während das geschieht, und auch vor Kummer, weil ich nichts Besseres tun kann. Nicht seine Brust umfangen, um ihn zu liebkosen und das glatte Haar an der Wange zu fühlen. Ich lasse es genug sein, die Tiere trauen uns doch nicht mehr. Wir riechen alle nach Schießpulver.

In der Nacht wird mir wieder angst: ich schleiche in die Tenne und suche ein paar leere Kisten zusammen, die will ich über meine Gräser stülpen.

Es ist schon bitter kalt. Ich finde Hans unter den Büschen: wir rufen uns mit leisen Lauten an, und nun, im ungewissen Licht der Gestirne, sind wir uns viel vertrauter. Lange sitze ich auf meiner Kiste und rede ihm zu, während er vor mir auf und ab trabt, und einmal duldet er sogar einen Augenblick meine Hand auf dem nachtfeuchten Fell.

Hans, sage ich, sei nur ruhig, wir werden das schon in Ordnung bringen. Ich verstehe dich gut, mein Bruder, dein Leben ist Flucht, du brauchst die Freiheit des Flüchtigen. Aber nun wird es mit dem Winter ernst. Bald wird Schnee fallen, und du weißt noch gar nicht, was das ist, Schnee und Kälte. Sieh her, du hast dein warmes Bett im Gartenhaus, Laub und Heu genug, du bist noch ein ganz junger Bock, bleib ein paar Wochen. Halte dich an den Hafer, damit du ein wenig Speck unter den Pelz bekommst, das wirst du brauchen, denn der Frühling ist weit. Und das Gatter im Zaun wollen wir offenlassen, du kannst dann immer einmal kommen, in der härtesten Zeit oder im Spätwinter, wenn der Schnee brüchig wird und deine Läufe wund reibt. Ja, das verspreche ich dir, du wirst immer eine Schüssel Körner im Gartenhaus finden, und wenn dir mein blauer Hafer schmeckt, so friß auch den in Gottes Namen.

So rede ich mit Hans — denkt ihr, er versteht mich
nicht? Laßt es gut sein, wir haben unseren Plan.

Inzwischen gibt es freilich noch allerhand Abenteuer. Eifersucht nistet sich im Hause ein. Zunächst, meint der Hausgenosse, müßte doch einmal ein richtiges Gehege aufgestellt werden, von einem Fachmann natürlich. Hans bekommt dies und jenes von zarten Händen gereicht, Rosinen und Äpfel, und ich höre auch, daß es unfein ist, nachts um seine Gunst zu buhlen.

Ein anderes Mal raschelt es hinter mir, während ich am Schreibtisch arbeite, und ich traue meinen Augen nicht: da schaut Hans durch das Fenster und knappert an den Nelkenstöcken. Ach du lieber Gott, niemand ist im Hause, er ist mir auf Hals und Leben anvertraut worden, aber das Gatter war nicht geschlossen, und nun steht er in seiner Unschuld draußen auf der Straße, allen Bauernkötern preisgegeben! Ich überlege blitzschnell, dann hole ich eine Tafel Schokolade aus dem Fach und pirsche mich hinaus. Schokolade ist immer ein zuverlässiges Lockmittel, das habe ich erprobt, wenn auch nicht bei Rehböcken.

Anfangs kümmert sich Hans wenig um meine flehentlichen Bitten und Gebärden; er freut sich seiner Schlauheit und läuft vor mir her die Gasse hinauf. Wie soll das enden, denke ich, vielleicht muß man dem heiligen Hubertus eine Kerze geloben. Der schickt dann auch wirklich eine singende Kinderschar aus der Schule. Hans stutzt plötzlich und kehrt um. Ich mache das Gatter weit auf und ziehe ihn am Faden meiner Herzensangst in den Garten zurück.

Soviel ist gewiß: ich verdiene längst mein Brot

nicht mehr. Statt auf die Stimme meines Inneren zu horchen, stecke ich hundertmal den Kopf durch das Fenstergitter und sehe doch nur, daß Hans immer ungebärdiger wird, je mehr er zu Kräften kommt. Seit Schnee liegt, scharrt er die Pflanzen aus der Erde, und das ist nicht zu ertragen. Eine trostlose Wildnis, wo im Sommer Lilien blühen sollen, die blauen Türme des Rittersporns.

Nein, es wird Zeit. Eines Abends unternehme ich noch einen heimlichen Gang ins Freie, im Vorbeistreifen löse ich ein paar Latten vom Zaun. Es schneit in großen Flocken, das ist das rechte Wetter. Schon am frühen Morgen bin ich wieder unterwegs. Ich finde sogleich die vertraute Spur im frischen Schnee; anfangs verirrt sie sich zwischen den Häusern, aber dann entdecke ich sie bewegten Herzens auf den Feldern wieder, von hier weg läuft sie geradeaus dem Walde zu. Hasenfährten kreuzen sie, einmal schlüpft ein Wiesel vor mir in den Busch. Still ist der Wald, noch grün und saftig das Moos und Staudenzeug zwischen den Stämmen. Ich krieche durch das Unterholz, die frische Kälte brennt mir in den Lungen, und weiter oben verliere ich die Spur im Jungwald einer Lichtung. Der Himmel bricht auf, der weite Himmel über den Wipfeln; bald wird die Sonne kommen, und das ist gut für den ersten Tag.

Daheim fülle ich eine große Schüssel mit Hafer, die stelle ich in das Gartenhaus. Dann nagle ich die zwei Latten verstohlen wieder fest, aber das Gatter öffne ich weit, und so soll es bleiben.

BEGEGNUNG MIT DEM LESER

Ich bin schon immer gern mit der Eisenbahn gefahren. Als mich der Zug zum erstenmal aus dem Heimattal in die Fremde führte, war ich schon ein halbwüchsiger Bursche, und jetzt lebe ich ja wieder weit ab von der Welt in meinem Dorf. Vor langer Zeit einmal ging zwar auch hier die Rede davon, daß man eine Bahnstrecke durch das Tal legen wolle, aber damals waren die Väter dagegen. Nein, sagten sie, da sei kein Nutzen dabei, das brächte nur Lärm herein, und sie wollten überhaupt keinen auswärtigen Gestank und kein fremdes Gesindel im Dorf haben. Recht gesprochen, aber die Welt nahm es uns übel. Sie hat uns seither vergessen und aus ihren Büchern gelöscht.

Das Jahr über macht es mir nichts aus, da bin ich gern daheim und zufrieden mit den andern. Nur zu gewissen Zeiten, im Frühjahr etwa, wenn der Föhn gewaltig aus den Wäldern strömt und das Blut aufmischt, oder auch im Herbst, wenn der Himmel so klar und weit wird, so verlockend weit bis zu den letzten Bergen ausgespannt, dann überkommt mich die Wanderlust, die Sehnsucht, will ich sagen, der unstillbare Drang in die Ferne.

Ich hole den großen Koffer vom Speicher und packe mein bestes Zeug hinein, lauter sündhaft schöne Sachen. Hierzuland könnte ich auch zu den höchsten

Feiertagen nichts davon sehen lassen, es wäre ja albern, in Lack und Seide auf dem Dorfplatz zu stehen. Aber draußen ist das anders. Draußen muß man im Koffer haben, was man gelten will.

Heimlich in der Morgenfrühe mache ich mich also auf den Weg und komme zur Bahn. Der Vorstand muß eine ganze Weile nachdenken und rechnen und schreiben, eine Fahrkarte, wie ich sie brauche, hat er gar nicht fertig in seinem Kasten. Wir wechseln ein paar Worte — wieder auf Reisen? fragt er. Jawohl, sage ich gleichmütig, ein wenig. Aber ich habe diesmal keine Zeit zum Schwatzen, mein Zug fährt ein.

Ein erfahrener Mann steigt nicht in den ersten Wagen, sonst hat er das meiste auszuhalten, wenn irgendwo ein Weichensteller schläft. Auch den letzten nimmt er nicht, denn das Schlingern legt sich auf den Magen. Sondern er wählt, wie es der Weise immer tut, die Mitte.

Mein Abteil ist fast leer. Nur ein lesendes Mädchen sitzt mir gegenüber in der Ecke, ein hübsches Mädchen, soviel ich sehen kann. Ich habe artig gegrüßt, und es wurde mir kühl gedankt — gut, ich weiß Bescheid. Keine Rede davon, mein Fräulein, daß ich mich etwa auf einen Wettbewerb mit Ihrem Buch einlassen werde!

Ich für meinen Teil lehne mich in der Ecke zurecht, ich schaue durchs Fenster und vergnüge mich auf meine Weise. Wenn ein Mann meint, es beobachte ihn niemand, dann unterzieht er sich gern einer magischen Verwandlung, er wird wieder, was er anfangs war oder was er eigentlich immer blieb, seit die Knöpfe an seinen Hosen den Platz wechselten — ein Kind.

Und sogleich verlieren auch die Dinge ihre feindselige Scheu. Sie kommen willig in den Zauberkreis und spielen mit, die Bürste in der Badewanne, oder eine Reihe von Pflastersteinen auf dem Morgenweg, oder auch nur die Drähte, die am Bahndamm entlanglaufen. Frauen können das nicht recht begreifen, sie spielen ja nie, sie tändeln nur. Es ist auch schwierig zu erklären, und wenn ich es hier beschreibe, sieht es nach gar nichts aus: ein paar Zeilen Draht, die zwischen Himmel und Erde auf- und niedersteigen. Ich sollte wohl Betrachtungen daran knüpfen und sagen, diese Drähte erinnerten mich an das Schicksal, an das Auf und Ab der Lebensfäden, scheinbar sinnlos ins Unendliche gesponnen und doch nicht sinnlos, vielleicht braucht sie der liebe Gott für seine Telegramme. Dergleichen könnte mir einfallen, oder sonst etwas Bedeutsames, es gehört ja wohl zu meinem Handwerk, über Dinge nachzudenken, die für die anderen Leute selbstverständlich sind. Aber die Wahrheit zu sagen, ich denke mir gar nichts dabei, und eben das ist das Schöne daran.

Übrigens beschäftigt mich längst etwas ganz anderes.

Was für ein Buch mag es wohl sein, das da auf runden Mädchenknien liegt und mit soviel Hingabe gelesen wird? Ist es ein spannendes Buch, ein heiteres, ein rührendes? Ich stütze meinen Kopf mit der Hand und spähe heimlich zwischen den Fingern durch. Das Buch hat einen gelben Schnitt und zartgrüne Deckel — das ist doch seltsam, denke ich und schaue noch einmal hin, und plötzlich überkommt mich ein freudiger Schreck. Wahrhaftig, ich täusche mich nicht, es ist mein eigenes Buch, mein letztes — ach, was gäbe ich jetzt, wenn es auch mein bestes wäre!

Ich habe ja schon allerlei mit meinen Büchern erlebt. Am Anfang, als das erste unterwegs war, lief ich sorgenvoll in alle Bücherläden und fragte danach. Nein? Man kannte es nicht? Eine Neuerscheinung, von der doch alle Welt sprach? Herr, sagte ich zu dem Mann hinterm Ladentisch, Herr, wenn i c h Ihnen einen Rat geben darf, dann behalten Sie dieses Talent im Auge!

Ja, ich tat, was ich tun konnte, um meine Bücher unter die Leute zu bringen. Ich verschenkte sie zu Geburtstagen und auch in Herzensnöten, bis ich einsehen lernte, daß Lebkuchen doch in den meisten Fällen wirksamer ist. Ich gab sie den Freunden, die sie zwar nicht lasen, aber gerne lobten, womit beiden Teilen geholfen war. Später kamen Leute, die wünschten den und jenen Unhold aus meinen Büchern kennenzulernen, um ihm einmal selber ihre Meinung zu sagen, und andere wieder, denen genügte das Gedruckte bei weitem nicht, sie wollten mindestens noch meinen Namen oder sonst etwas Sinnreiches dazugeschrieben haben. Aber noch nie ist mir ein Mensch begegnet, der ohne Nötigung, aus freien Stücken sozusagen, eines meiner Bücher las. Ich weiß nicht, es muß ja wohl solche Menschen geben, aber vielleicht schämen sie sich und tun es nur ganz im Verborgenen.

Wie das auch sein mag, dieses Mädchen sitzt jedenfalls in seiner Unschuld da, es liest eine Seite und schiebt schon den Finger unter die nächste, und das alles rührt mich unbeschreiblich. Meine Leserin könnte ja auch den Kopf schütteln oder einmal ein wenig gähnen, das würde mich gar nicht wundern. Ich weiß genau, wie dünn und leer die Stelle ist, die sie jetzt vor Augen hat.

Als ich das niederschrieb, hatte ich einen schlechten Tag. Ich lief in der Stube auf und ab und klopfte an die Wände vor Verzweiflung und bat den Himmel flehentlich um dieses einzige und erbärmliche Wörtchen, aber der liebe Gott war taub, oder es fiel ihm auch nichts ein. Damals ließ ich es in seinem Namen gut sein, und nun bereue ich meinen Leichtsinn. Ach, wenn dieses Mädchen doch nicht alles so geduldig hinnehmen und ein paar Seiten überblättern wollte! Warte nur, denke ich beschämt, lies noch ein wenig weiter, dort ist mir etwas Hübsches gelungen!

Und wirklich, genau an dieser Stelle stockt sie und lächelt und schnaubt dabei sogar ein bißchen durch die Nase. Das ist natürlich ganz ungehörig für eine junge Dame. Sie blickt auf und schaut mich abweisend an, mit Recht, denn ich habe auch gelächelt, ich konnte es nicht verhindern.

Nun muß ich wohl etwas zu meiner Entschuldigung sagen. Es ist merkwürdig, sage ich, dasselbe Buch habe ich auch in meinem Koffer!

Dieses? fragt das Mädchen.

Ja, dieses. Aber was mich betrifft, ich fand eigentlich nichts darin, worüber ich hätte lächeln können.

So? Nun, dann müsse ich es wohl sehr flüchtig gelesen haben. Ein sonderbares Buch. Man höre ihm gleichsam zu wie einem vertrauten Menschen, der etwas erzählt, von einer Wiese, die man auch einmal gesehen hat, von ein paar Bäumen, nichts Besonderes eigentlich, und doch rühre es einen an und ginge zu Herzen.

Mir nicht, sage ich. Mich langweilt es, ich dankte dem Himmel, als ich damit fertig war. Lauter Binsenweisheiten im Grunde. Ich will Ihnen verraten, wie der Mann es macht: er sagt ganz einfach, was alle Leute denken. Ja, Empfindungen, Gedanken, die jedermann einmal durch den Kopf gehen und die man sich doch nicht klarmachen kann, weil man die richtigen Worte nicht findet oder weil einem die Zeit dazu fehlt oder was immer, dergleichen also spürt er auf und dreht es um und um, bis er es ins rechte Licht gebracht hat. Das ist sein ganzes Geheimnis, glauben Sie mir!

Mag sein, sagt das Mädchen. Aber darin liegt doch auch etwas Tröstliches, schwer zu sagen, warum. Es sind wirklich keine großartigen Erkenntnisse, das ist wahr, keine erschütternden Weisheiten. Aber ein so ruhig hingesagtes, ein handfestes Wort kann einen zuweilen doch unbeschreiblich erleichtern.

Nun ja, erleichtern, werfe ich ein. Aber bleibt das alles nicht eigentlich zu sehr im Allgemeinen, im Beschaulichen? Ich meine, ist es nicht zu weich, zu spielerisch? Sind wir in diese Zeit gerufen worden, um die Dinge nur behaglich zu betrachten, oder wollen wir sie erobern, für eine neue Welt, die dann unsere sein wird? Diese Welt ist ein ungeheurer Werkplatz, verstehen Sie, und da will einer abseits bleiben und in den Lärm hineinreden, von Dingen, die es beinahe schon gar nicht mehr gibt, von Gräsern und Käfern und einfältigen Leuten! Ist es nicht so? Müssen wir nicht von einem Dichter verlangen, daß er auch Lehrer sei, Seher, Wegbereiter?

Oh, ich habe Lust, einmal gründlich mit mir selber abzurechnen, um dieses Vergnügen habe ich meine

Kritiker immer schon beneidet. Außerdem mag ich mich nicht in den Himmel loben hören, während ich selber dabeisitze und geringschätzig behandelt werde.

Aber nun zeigt es sich, daß doch auch wieder einiges zu meinen Gunsten spricht. Im stillen meine ich das ja selber, nur hätte ich es nie so unverhohlen zu sagen gewagt wie dieses Mädchen.

Das sei schon recht, behauptet es, wenn wir Dichter hätten, die uns den Weg wiesen, durchdringende Geister, Seher, wie ich vorhin sagte. Die wirkten in der Zeit und der Zeit voraus und hätten ihren Ruhm davon. Aber nun schlage uns doch auch ein Herz im Leibe! Und es sei möglich, daß sich unsere Lebenskraft immer wieder aus dieser geheimen Quelle nähre und erneue, aus dem Gemüt. Und wir müßten alle von Zeit zu Zeit wieder aus dieser Quelle schöpfen, alle, auch der härteste Mensch. Ja, auch ein solcher könne einmal verzweifelt sein, ganz und gar verzagt, und dann sei es gut, wenn ihn jemand auf den Grund seines Wesens zurückwiese, in den Bereich der ruhenden Kräfte. Was er zu hören bekäme, hätte vielleicht gar nichts mit seinen Sorgen zu tun, und dennoch wäre er getröstet.

Ob das denn nicht wahr sei, fragt das Mädchen. Ob mir noch nie ein Buch über einen Kummer weggeholfen habe?

Doch, sage ich verstockt. Aber dieses nicht. Ich läse überhaupt nur ernsthafte Bücher, keine erfundenen. Ein Mensch könne recht gut mit einem einzigen Buch im Leben auskommen, wenn es nur genügend dick sei, daß er den Anfang wieder vergessen habe, wenn er ans Ende komme. Dieser Mann, sage ich, der schwindelt mir zu viel, verstehen Sie? Ein Lehen, prahlt er, eine Wiese, Grund und Boden, und dabei besitzt er rein gar nichts, weder Kuh noch Kalb. Alles erdichtet und erlogen.

So, sagt das Mädchen. Woher wissen Sie denn das? Wollen Sie etwa auch noch behaupten, daß Sie ihn kennen?

Ja, einigermaßen. Früher einmal, in der Jugendzeit, da waren wir ein Herz und eine Seele. Aber leider, jetzt verstehen wir uns in mancher Hinsicht gar nicht mehr.

Und das ist ja auch zu begreifen, meint das Mädchen. Diese Gegensätze!

Gegensätze, jawohl! Ich, wie ich hier säße, sei eine ehrliche Haut. Aber er? Durch und durch falsch, und eingebildet obendrein, ein eitler Bursche. Sie werden es gar nicht für möglich halten, erkläre ich, aber wenn er hier an meiner Stelle säße, er wäre imstande, sich einfach zu verleugnen, nur um sich loben zu hören.

Verleugnen? sagt das Mädchen träumerisch. Ach, das könnte ihm gar nichts helfen, er wäre doch mit dem ersten Blick durchschaut. Schon die Stimme müßte ihn verraten. Einmal sprach er beim Rundfunk, er las eine Geschichte von Adam und Eva vor, und da fragte er an einer gewissen Stelle: „Liebst du mich?" Und dann kam die Antwort: „Ewig!" — Wunderbar! Es ging einem durch und durch. Er hat eine ganz tiefe Stimme, erzählt das Mädchen, fast so wie Ihre, aber natürlich nicht so rauh, sondern sehr weich und dunkel. Und man sah ihn auch förmlich vor sich, leibhaftig. Helles Haar wird er wohl haben und sanfte Augen und eine edle Nase...

Falsch! werfe ich erbittert ein. Völlig falsch geraten! Die Augen sind grün, und die Nase ist schlechthin abscheulich. Dichter haben überhaupt nichts Besonderes an sich, die sehen alle ganz gewöhnlich aus, wie ich und jedermann.

Wie Sie? fragte das Mädchen heiter. Nein, sagt es, ich möchte Sie nicht gern kränken, aber wie ein Dichter sehen Sie nicht aus!

Daraufhin schweigen wir beide, ein wenig verstimmt. Nach einer Weile steht das Mädchen auf und tritt auf den Gang. Wahrscheinlich lächelt es wohl noch immer über mich närrischen Kauz. Da nehme ich schnell das Buch von der Bank und schreibe meinen Namen hinein, einen Gruß von dem Menschen, der ich sein sollte, wenn ich wirklich wäre, was ich bin.

Dann hole ich meinen Koffer aus dem Netz und bringe ihn zur Tür, ich bin gleich am Ziel. Leben Sie wohl! rufe ich zurück.

Auf Wiedersehen! sagt das Mädchen.

Ach nein. Da stehe ich mit meinem Koffer auf dem fremden Bahnhof, ein Mensch unter vielen, und der Zug fährt wieder an und rollt davon.

Auf Nimmerwiedersehen, Mädchen!

DAS WIESENBUCH

Meine Wiese liegt hinter dem Haus, sie ist geräumig und flach, das beste Stück Land über dem Tal, so weit ich schauen kann. Bäume schließen mein Feld ein, Erlen und niedrige Sträucher von allerlei Art, aber auch große Stämme, ein paar Eschen oder ein Ahorn mit der prächtigen Fülle seiner Krone über dem Holz. Und weiterhin gegen den Berg stehen die Fichten, dort steht der tiefe dunkelfarbige Wald.

An der Sonnseite hebt sich der Boden ein wenig. Es ist da freilich nichts Großartiges an Felsen und Schluchten, nur ein paar sanfte Wellen gegen den Himmel, ein Stück Zaun und ein Gekräusel von Farn und Sauerdornbüschen obenauf. Aber in jedem Jahr bricht dort der Frühling zuerst aus der Erde, und dieser Frühling ist rührend, nackt und bettelarm, er kann fast gar nichts geben, nur ein wenig grünes Kraut, ein paar wollige Blütenstengel vom Huflattich im alten Gras.

Oft liegt im Sommer wochenlang eine heiße Wolke von Gerüchen über den Beeren, es riecht nach Kräutern, nach zerstäubter Erde, und dieser schläfrige Duft mischt sich gefährlich ins Blut. Die Grillen lärmen mit aller Macht, braune Eidechsen liegen platt auf den Steinen, und ihre Flanken zucken in der Hitze. Über allem aber ist die Stille, darüber liegt der schwere Himmel mit der ganzen Last seiner Bläue.

Und sogar in der kalten Zeit gibt es Stellen unter dem Fels, die der Frost nicht erreicht. Da ist dann immer noch etwas Freundliches aufbewahrt, Bärlapp findet sich, grüne Flechten oder Kuckucksklee, und im Moos liegt ein leichtsinniger Käfer auf dem Rücken und schläft.

*

Auf diesem Hügel sitze ich, es ist Frühling, ein Tag im späten März. Wind kommt aus der Tiefe des Gebirges, lauer Wind, satt von Feuchtigkeit und vom Geruch der tauenden Erde. Die Wolken sind schon rund wie im Sommer, sie breiten schneeweiße Flügel aus und spreizen ihr Gefieder in der Sonne, göttliche Wolkentiere mit flaumiger Brust. Es liegt ein tiefer Klang in der Luft, ich selbst fühle diesen Ton in meinem ganzen Leibe und summe ihn laut vor mich hin, und der Wind trägt meinen Gesang weit über die Felder. Hier auf meiner Wiese ist der Wind immer unterwegs, immer vergnügt und voller Einfälle. Ich habe ihn oft wie Wasser in den Bäumen gurgeln gehört, und ein anderes Mal stand ich lange im Kornfeld, da trieb er sich herum und pfiff auf einem gebrochenen Halm.

Und die Zeit wächst ungeheuer über mich hinaus. Ich bin kein Mensch mehr, noch jung, noch voll von allen Täuschungen des Blutes. Hier bin ich tausend Jahre alt und im Wesen nicht mehr verschieden von der Luft, vom Gras, vom Gestein der Berge. Gräser fügen sich in meine Hand, ein kleiner Vogel streicht so nah vorbei, daß ich den Wind seiner Flügel spüren kann, und er schreit mir etwas zu.

Ich habe gestern die Jungen dieses Vogels gesehen, er hat fünf Junge in seinem Nest. Sie recken sich, und ihre Schlünde schwanken wie seltsame rote Blümchen auf den haarigen Stielen der Hälse. Einen Augenblick später welken sie wieder hin und sind gar nichts mehr, ein zuckender Klumpen, etwas gänzlich Mißratenes aus Flaum und bläulicher Haut. Mein kleiner Vogel aber sitzt im Busch und äugt umher, er singt auch ein bißchen und schaukelt auf seinem Zweig; das sieht jeder, was für ein tüchtiger kleiner Bursche er ist.

Ich will jetzt auch etwas tun, ich mag mir nichts von kleinen Vögeln zurufen lassen. Vielleicht kann ich eine Pfeife aus Weidenrinde machen, es ist möglich, daß später noch Kinder in mein Feld kommen; und wenn es eine schöne Pfeife würde, eine Kuckuckspfeife, die zwei Löcher hat, dann könnte mir wohl ein Handel damit gelingen.

Ich würde hier sitzen und mit aller meiner Kunst darauf blasen. Und wenn du auch weite Wege rund um den Hügel gingest, kleiner Michael, wenn dir nichts in der Welt so gleichgültig wäre wie meine Kuckuckspfeife, schließlich stündest du ja doch hinter mir, und alles in deinem Apfelgesicht wäre feucht von Neugierde und Verlangen!

Michael, würde ich sagen, du siehst wohl, wie es sich mit dieser Pfeife verhält, es gibt nicht viele von ihrer Art, so lange Pfeifen, und mit zwei Löchern! Und Michael würde das einsehen, es wäre kein gewöhnlicher Handel um Schneckenhäuser und Geierfedern. Er stünde vor mir und dächte nach, Michael bekäme dicke Falten über seiner Nase, so schwierig wären seine Gedanken, und zuletzt zöge er wohl doch die Hand aus der Tasche und zeigte mir etwas in seiner schmutzigen Faust, eine Glaskugel mit vielen farbigen Fäden.

Ich kenne sie, aber selbst für diese wunderbare Kugel könnte ich ihm meine Pfeife nicht geben, vielleicht hätte ich überhaupt meine besondere Absicht damit. Ich kann von meinem Hügel aus die ganze Wiese überschauen, es gibt da nichts, keinen Strauch, den ich nicht kenne, kein Mäuseloch, und nun liegt dort plötzlich etwas Fremdes im Schatten unter dem Ahorn, ein blauweißes Ding! Es lag auch gestern schon dort, gestern sang es sogar, das konnte ich deutlich hören.

Michael, würde ich also sagen, zehn Glaskugeln sind nichts gegen meine Pfeife. Aber du sollst sie trotzdem haben. Sieh her, du sollst damit über das Feld gehen und blasen, es liegt ein blauweißes Ding in meiner Wiese. Vielleicht ist es nur Zuckerhutpapier, es könnte aber auch sein, daß es aus Seide wäre und plötzlich zu reden anfinge, wenn du vorübergehst — und seine Stimme wäre möglicherweise auch aus Seide. Nein, ich will nichts derartig Hoffärtiges in meiner Wiese haben.

Das ist aber eine schöne Maipfeife! sagte das blauweiße Ding zu dir.

Nein, eine Kuckuckspfeife! antwortest du.

So? Willst du mich einmal darauf blasen lassen?

Nein, du kannst dir selbst eine holen.

Ach, gern! Wohin soll ich gehen?

Zum Kuckuck ...

*

Aber die Kinder kommen heute nicht in die Wiese, Michael muß bei den Kühen bleiben. Ich spähe zwischen den Gräsern durch nach dem blauweißen Ding. Das ist jedenfalls ein vergnügtes Wesen, es rollt sich im Gras, und dann mischt sich auch der Wind in sein Spiel, natürlich, der Wind ist ja immer hinter allen Röcken her! Er treibt es unverschämt genug mit seinen Späßen und seinen dreisten Griffen, ich muß zuletzt zwei Finger in den Mund stecken und einen tüchtigen Pfiff über die Wiese schicken. Da sitzt das blauweiße Ding plötzlich aufrecht und starr im Gras, und auch der Wind trollt sich davon. Im Vorbeistreifen tändelt er noch unschuldig mit ein paar Gräsern, und dann verliert er sich in den Büschen ...

Es wird Abend, die Sonne sinkt in einen Schleier aus lichtem Gewölk. Das ist jetzt ihre Brautzeit, sagen die Leute, die Sonne zieht ein frisches Hemd an. Vom Tal herauf kommen die Krähen, die sammeln sich über der Wiese und fallen ins Holz, eine große düstere Schar.

Krähen sind wunderliche Vögel, sie haben etwas Ungewisses, Drohendes in ihrer ganzen Art. Zigeuner sind sie, ein geheimer Orden von kleinen Dieben und Herumtreibern, und sie leben auch für sich nach dunklen Bräuchen und Gesetzen. Jetzt hocken sie in den kahlen Wipfeln der Bäume, putzen sich und spreizen die Flügel und rufen einander zu, und der Ahorn sieht wie verwunschen aus, als trüge er plötzlich eine schwarze Last von höllischen Früchten in seiner Krone.

Plötzlich aber kreischt eine von den Krähen laut auf, und die ganze Schar erhebt sich wieder mit klatschenden Schwingen.

Ich weiß, was das bedeutet. Ich habe den Falken am Himmel längst gesehen, es ist ein ganz kleiner Falk mit lichtem Gefieder, und die Krähen sind ihm bitterfeind. Sie kreisen ihn ein, andere kommen von den Wäldern her dazu, aber der Falk fliegt schneller als die Krähen, sein heller Bauch zuckt wie ein Funke in der schwarzen Wolke auf und nieder. Er wendet, läßt sich fallen und steigt wieder ohne einen Flügelschlag, manchmal stößt er auch blitzschnell zu, und dann wirbelt eine von den Krähen schreiend in die Tiefe.

Oh, das ist ein schönes, ein ritterliches Spiel am Abendhimmel, mir klopft das Blut heiß in der Kehle. Zuletzt hebt sich der Falk aus dem Schwarm, und dann schnellt er mit einem mühelosen Schwung weit hinaus in die rauchbraune Ferne.

Ich sehe eine Feder fallen, der Wind treibt sie mir zu. Sie ist schwarz, wie sich denken läßt, ein hübsches Federchen von einer Krähenbrust.

Hübsches Federchen — ich brauche einen Schmuck, etwas Verwegenes für meinen Hut. Ich will später doch an dem Ahorn vorübergehen...

*

Der Bauer ist unterwegs auf der Wiese, er geht den Zäunen nach. Da und dort drängt er sich in das Strauchwerk, ich höre ihn von weit her rumoren und fluchen. Die Axt klingt hell im dürren Holz, eine Meise flattert auf und schimpft erbittert aus dem Wipfel der Esche. Eine Weile später kriecht der Mann wieder aus dem Busch, gelb und grün bestäubt, und steht da, und schaut sich um, ein alter Kerl, ein langsames braunes Tier auf meinem Feld. Ich rufe ihn an. Michael, sage ich, laß es heute! Mach Feierabend.

Und Michael überdenkt auch das eine gute Weile, dann nickt er mir zu und schiebt die Axt unter den Rock. Ich mache ihm Platz an meiner Seite, lange sitzen wir schweigend nebeneinander auf den warmen Steinen. Michael duftet nach Seidelbast, er bringt den ganzen Frühling mit sich, Erlenkätzchen auf dem Rock, kleine Blütensterne im Bart, aber daran liegt ihm gar nichts. März, Frühjahr, das bedeutet dreifache Arbeit für Michael, Arbeit im Holz und auf den Wiesen und hinter dem Pflug, er liest eine andere Schrift vom wechselnden Himmel des Jahres. Michael denkt geradeaus. Es gefällt ihm, wenn das Gras aufwächst, Blüten und Kräuter, das ist Futter für seine Tiere. Regen muß dazukommen, die Sonne muß steigen, damit sein Korn reif wird, für nichts anderes. Vielleicht liebt auch er diesen Fleck Land auf seine Weise. Er nährt ihn ja, in jeden Fußbreit Erde hat er hundertmal die Schar gedrückt. Die Bäume am Hag sind mit ihm aufgewachsen, viele hat er selbst gepflanzt, andere kennt er noch aus seiner Jugend, die fallen jetzt unter seiner Axt. Es sind prächtige Bäume darunter, wunderbar im Frühling, wenn das Laub aus den Knospen bricht, das mag schon sein, und in Sommernächten, unter dem ziehenden Wind. Allein davon weiß Michael nichts, er ist kein Schwärmer. Laub mag rot oder grün sein, es gibt dieselbe gute Streu für seinen Stall, aber es wirft auch Schatten auf seinen Acker. Man muß darauf sehen, daß die Kronen nicht zu üppig werden und daß man das Holz herausschlägt, solange es noch gesund und fest im Kern ist.

So hat alles seinen Sinn und seine gute Ordnung in dieser kleinen Welt, Michael wacht darüber mit dem einfachen Verstand des Bauern. Auch Gott macht keine Verse.

*

Ja, laßt den Sommer kommen, es müßte seltsam zugehen, wenn nicht ein gutes Jahr daraus würde. Wir haben Kartoffeln angebaut und einen Rübenfleck, und auf der anderen Seite liegt ein sündhaft üppiger Weizenacker. Michael redet nicht davon, aber zuweilen steht er selbst vor diesem Feld, an Feiertagen und in festlichen Hemdärmeln. Dann sieht er es nicht ungern, wenn ein Nachbar an den Zaun tritt, weit herumredet und das Wetter lobt und dabei gedankenvoll in den grünen Weizen spuckt.

Es dämmert schon über der Wiese. Im Westen schwimmt die junge Sichel des Mondes auf dem Rücken, eine weiße Wiege, ein glückliches Schiff mit hohem Kiel. Die Sterne tun sich wie Augen auf, sie blinzeln eine Weile, und dann schauen sie ruhig und ernst auf das friedliche Land. Der trübe Dunst über dem Boden gerinnt in der Kühle, die Luft spinnt Fäden, weiße Bänder aus dem Nebel und knüpft sie da und dort an Halmen und Sträuchern fest. Von weit her kommt noch ein Vogelruf, wehmütig und wie aus dem Traum gesungen.

Mir ist so wohl im feierlichen Frieden, ich habe einen Menschen neben mir, einen müden Mann. Sein Rücken ist ein Berg, sein Gesicht ist ein Feld, er atmet ruhig und schaut vor sich hin, und in die Hände hat er seinen Bart gelegt. Auch diese Hände betrachte ich, sie sind selbst einem Gewächs ähnlich, einer nahrhaften Wurzelfrucht aus der Erde.

Das geht mir so durch den Kopf. Zuletzt, denke ich, im ganzen genommen, bedeutet dieser Mensch in seiner Einfalt vielleicht nicht mehr als irgendein Halm auf dem Feld, der unter andern Halmen steht, der **zu** seiner Zeit blüht und Früchte hat und seinen Samen um sich streut, damit neue Gräser nach ihm aufstehen, wenn er selbst unter der Sense gefallen ist. Das geschieht mit dem Halm in der Stille, aber liegt der Sinn des Lebens etwa im Geräusch?

Zuweilen streite ich mit dem alten Dachs, und dann wird nichts geschont zwischen Himmel und Hölle, ich lege mich mächtig ins Zeug mit meinem doppeltgenähten Scharfsinn. Aber sitzt Gott nun deswegen da und kratzt sich hilflos den Bart? Michael weiß wenig von den letzten Dingen, allein er hat doch dies und jenes in seinem Leben auf seine Art betrachtet. Er hat die Kirchenuhr im Turm gesehen — Teufel noch einmal, sagt er, so etwas von Rädern und Walzen und Stiften, und alles blitzsauber und haargenau! Das kannst du dir nicht einmal vorstellen, behauptet er.

Gut, da läuft jetzt so ein Zahnrad mitten in dem großen Werk, ein anderes Rad dreht sich mit ihm und greift in seine Zähne ein, und wenn es sich Gedanken machen könnte, so hätte es gewiß sein Leben lang genug daran zu raten. Es könnte Bücher darüber schreiben, sofern es ein besonders pfiffiges Zahnrad wäre.

Indessen aber stehst du irgendwo auf dem Feld und schaust nach der Uhr, in der dieses Zahnrad läuft; du sagst Feierabend und legst dein Werkzeug aus der Hand...

*

Später am Abend gehe ich mit Michael über das Feld nach seinem Hof. Wir schwatzen friedlich über allerlei, vom Futter und von einer neuen Mode beim Düngen, und auch vor den Obstbäumen bleiben wir eine Weile stehen. Es ist nicht abzusehen, wie das alles blühen soll, dicke Schnüre von Knospen an jedem Zweig.

Der kleine Michael läuft uns in den Weg, er hängt sich schweigend an das Hosenbein des Vaters und fängt mit aller Macht zu ziehen an. Worte findet er nicht für diese Leichtfertigkeit erwachsener Leute, was das Essen betrifft, die Lichtseite des Daseins. Und hinter ihm kommt noch etwas durch den Kartoffelacker, das ist Therese, rund und behäbig und hoffnungslos um ihr Gleichgewicht kämpfend wie immer. Sie rollt in die Furchen, steht wieder auf und wühlt sich unverdrossen durch, es ist kein Augenblick zu verlieren: Milchsuppe! Die Schüssel steht auf dem Tisch!

Ja, warmes Essen in der Stube. Der Vater hängt seinen Rock an die Tür, dann schlägt er das Kreuz, und auch der kleine Michael gibt Gott die Ehre, wie es Brauch ist, aber sein Amen verhallt schon tief in der Schüssel. Wie hungrig ist der kleine Michael, du lieber Himmel, das begreift kein Mensch! Er seufzt und kaut und gönnt sich nur das Nötigste an Luft, und außerdem läßt er kein Auge von den heißen Brocken auf den Löffeln der anderen, mit stiller Wehmut sieht er sie verschwinden.

Zuletzt schiebt ihm der Vater die ganze Schüssel hin. In Gottes Namen! sagt er, aber friß den Boden nicht heraus!

Es ist gut und behaglich in der Dämmerung, Therese kauert auf dem Boden und summt leise vor sich hin aus Sattheit und Schlaf. In der Ecke glänzen die heiligen Bilder, Joseph und Maria mit dem himmlischen Kind, alle lächeln sie unergründlich mild, und unter der Decke schwebt der Heilige Geist. Vielleicht hängt er da bloß an einem Pferdehaar, er ist überhaupt nur aus Glas und Wolle gemacht, aber die Flügel sind reines Gold, sie glänzen und flimmern überirdisch im Widerschein des Herdfeuers.

Therese klettert in den Schoß der Mutter, dort rollt sie sich zusammen und schläft wie ein Hündchen, wie ein kleines zufriedenes Tier. Ja, die Mutter, immer ist es gut und warm in der breiten Mulde zwischen ihren Knien, sie wiegt sich leise und kraut das Kind mit dem Finger.

Einmal schaut auch der Mann nach ihr hin, er nickt und schiebt seine Hand hinüber. Aber dann läßt er es wieder und streift nur ein paar Brotkörnchen vom Tisch.

Ich hocke noch eine Weile in der Dunkelheit mit meinen einfältigen Gedanken. Morgen! denke ich, oder sonst etwas Freundliches, Gras, Wärme, Wind unter dem Baum. Es ist dort wirklich ein hübscher Platz, fällt mir ein. Gott bewahre mich, vielleicht bin ich schon eine Woche lang närrisch, aber ich will morgen ganz gewiß an dem Ahorn vorübergehen.

Ich will auch mit Michael ein Wort reden, ein wenig Holz zusammensuchen, etliche Pfosten und Bretter. Und dann könnte ich eine Bank unter dem Baum aufschlagen, eine breite Bank im Schatten, vor dem Korn, aber nicht zu weit von den Büschen.

*

Ein paar müßige Tage verstreichen so, es ist die Zeit vor der Baumblüte. Ich spüre sie in allen Gliedern wie einen schweren Rausch, Gift habe ich im

Blut, und Kummer, eine unbegreifliche schmerzhafte Traurigkeit Tag und Nacht. Vielleicht sollte man fortlaufen, einfach Haus und Kammer verlassen und irgendwo hingehen, damit man abends müde wäre und schlafen könnte. Oder es sollte endlich ein Regen kommen, der die Trockenheit aus der Luft nähme, diese schwere brütende Wärme.

Das ganze Land liegt wartend bereit, hitzig im Drang der Säfte, übervoll von Keimen im Boden, die nach Wasser dürsten. Das wird gewaltig losbrechen, eine Flut von Farbe und Leben über Felder und Gärten. Jetzt blühen nur der Huflattich und Buschwindröschen mit dem kränklichen Weiß ihrer Kelche. Seltsame Gerüche wehen über die Wiese, der säuerliche Duft der Primeln oder der andere, gefährliche vom Seidelbast an den Zäunen. Manchmal ziehen grüne Schwaden von Staub aus den Haselbüschen, bunte Wolken im sanften Wind, aber die großen Bäume sind noch halbnackt, sie spreizen die prallen Triebe und seufzen laut auf, wenn ein Lufthauch ihre Zweige bewegt.

Ich höre einen Kuckuck, es ist der erste in diesem Jahr. Er sitzt gar nicht weit von meinem Platz im Astwerk verborgen und ruft, und das ist eine sonderbar beklemmende Melodie in der Stille, so, als zählte er laut aus dem Baum, wie mein Blut klopft. Mitunter überschlägt sich seine Stimme im Eifer, dann schweigt er eine Weile betroffen. Vielleicht ist er noch jung, noch unerfahren in seiner schwierigen Kunst.

*

Die Nächte sind hell, voll von erregenden Geräuschen. Ich liege viele Stunden lang wach und horche. Das Wasser lärmt im Brunnentrog, irgendwo klirrt ein Fenster, und dann lacht jemand — das kommt von weit her, dieses zutrauliche Mädchenlachen. Katzen jagen sich mit höllischem Geschrei, es klingt wie Mord, wie eine schauerliche Bluttat, nachts auf einsamem Feld.

Hoch im lichten Himmel schwebt der Mond, er greift mit weißen Fingern durch mein Fenster und rührt alles an, den Wasserkrug, ein Bild an der Wand, das Bild einer Frau, die plötzlich aufwacht und verwirrt ist und lächelt.

Gegen Morgen suche ich Werkzeug aus der Tenne, es ist schon hell genug, wenn ich jetzt anfangen will, den Platz vor dem Ahorn herzurichten. Ich werde ihn ganz eben machen, vielleicht auch noch ein wenig Erde aufschütten, damit später wieder Gras darauf wachsen kann, ein dicker Rasen, wie ich ihn oft in Gärten gesehen habe.

Dann nehme ich das Maß für den Sitz, nicht zu viel, was die Länge betrifft, bohre Löcher mit der Rennstange, wo die Pfosten stehen sollen, und arbeite flott und tüchtig in der frischen Morgenluft. Zuletzt mache ich den Platz noch sauber. Ich sammle Späne und Wurzeln und was sonst da herumliegt, ein paar bunte Wollfäden, ein Stück Papier — gut, auch einen leeren Briefumschlag im Gras. „Sabine" steht darauf geschrieben.

Für Fräulein Sabine ...

*

Ja, die Sonne kommt, aber nun zeigt es sich, daß ich mich durchaus nicht so sehr mit meiner Arbeit hätte beeilen müssen. Den ganzen Vormittag sitze ich auf meinem Hügel, und es geschieht nichts. Niemand kommt unter den Baum und schaut sich um und schlägt die Hände über dem Kopf zusammen vor Verwunderung. Eine Stunde habe ich freilich in der Stube verbracht, ich muß ja die Schaufel zurückbringen, außerdem fror ich erbärmlich in meinem nassen Schuhzeug. Und trotzdem war ich vergnügt. Ich sang aus dem Fenster und nahm sogar ein gutes Hemd aus der Truhe, ein blau-weißes für diesen Tag, so vergnügt war ich.

Das alles fällt mir jetzt wieder ein, während ich da sitze, hilflos und bekümmert und blaugestreift wie ein Verdammter. Schließlich nehme ich den Briefumschlag aus der Hosentasche und trage ihn über das Feld zurück, mag er dort bleiben! Es liegt mir nichts daran, immerfort diese lächerliche Schrift zu betrachten. Ist er etwa nicht lächerlich, ein Mensch, irgendein Eduard oder Leopold, der seine Briefe mit grüner Tinte schreibt? Jawohl, ich knülle den Umschlag zusammen und werfe ihn ins Gras, hier fand ich ihn ja, genau in diesem Zustand.

Aber es muß vielleicht doch ein besonders kostbares Stück von einem Brief sein, wenn man die Fußspuren auf dem weichen Boden betrachtet, so viele Spuren von einem kleinen Frauenfuß!

*

Übrigens wäre ich längst wieder hier an der Arbeit, wenn ich nur Holz für meine Bank auftreiben könnte.

Ich will sie natürlich kunstgerecht machen, ordentlich mit einer schrägen Lehne und einem gehobelten Brett für den Sitz. Allein Michael ist plötzlich wie besessen hinter jedem Stück Laden her.

Er läßt mich keinen Augenblick aus den Augen, immerfort schielt er nach mir hin und spreizt die Borsten seines Bartes wie ein Igel in seinem ledernen Gesicht. Nein, dieses Brett muß ich liegen lassen, das ist Eschenholz, das andere auch, und die Pfosten braucht er alle für seinen Zeugschuppen.

Wozu kann so etwas überhaupt gut sein, sagt er, eine Bank unter dem Baum? Das zieht nur Leute an, die laufen dann ins Gras und möchten Blumen pflükken, Margueriten, versteht sich, und blaue Glocken, und auf diese Weise liegt schließlich das halbe Heu auf dem Mist. Oder will ich auch noch Kieswege anlegen, kreuz und quer, einen Springbrunnen mitten im Kornfeld?

Nein, ich sollte mir anderswie Luft machen, meint Michael, auf einen Spielhahn gehen, die balzen um diese Zeit. Merkwürdig, erklärt er, was die Schildhähne betrifft! Gewöhnlich sind sie wie andere Vögel, gar nicht dumm auf ihre Weise. Aber in jedem Frühjahr ist der Teufel mit ihnen los!

Das ist Geschwätz. Ich habe jetzt keine Lust, mit der Kugelbüchse auf nassen Almböden zu hocken, stundenlang im Morgengrauen, außerdem müßte es wenigstens ein großer Hahn sein, Auerhähne hat Michael nicht auf seiner Alm.

Er ist ein alter Bär, grob und eigensinnig, aber ich rede jetzt mit dem kleinen Michael, der versteht mich sofort. Eine Stunde später haben wir alles beisammen und durch die Büsche geschleppt. Vier lärchene Pfosten vom Zaun des Pfarrers, einen Laden von der Jauchenpumpe, nicht übermäßig sauber, aber sonst noch wie neu, und einen Truhendeckel für den Sitz. Dieser Deckel ist kunstvoll auf Rahmen gearbeitet und mit Blumen bemalt, mit Tulpen und Rosen und einem Herzen, das rot und geschwollen ist wie ein Kürbis, vor lauter Liebe.

Michael bohrt in seinen Taschen und bringt Nägel an den Tag, Nägel von jeder Art und Form. Zierstifte von Polstermöbeln und solche mit breiten Messingköpfen, Hufnägel und dicke fünfzöllige, wie man sie auf den Zimmerplätzen bekommt, wenn man geduldig ist und den richtigen Augenblick abwartet. Darauf versteht sich der kleine Michael, es gibt keine Zeugtruhe weit herum auf den Tennen, in der er nicht Bescheid weiß.

Wir spitzen die Pflöcke mit dem Beil und putzen sie mit dem Reifmesser, Michael setzt sich hin und nimmt jeden Pfosten zwischen seine Knie, damit er die richtige Führung hat, wenn ich ihn mit dem Schlägel in die Erde treibe. Das ist das Schwierige an dieser Arbeit, die vier Säulen müssen genau im Winkel stehen, senkrecht die vorderen, ein wenig schräg die rückwärtigen; und wenn eine Wurzel im Wege ist, müssen wir in die Hände spucken und auf passende Weise fluchen, ehe wir den Pfahl drehen und rütteln und in die richtige Lage bringen.

Dann stehen wir eine Weile und betrachten unser Werk. Wir haben beide keinen Bart, um ihn dabei durch die Hand zu ziehen, aber es ist trotzdem kein Zweifel, daß wir unsere Sache verstehen, große Worte machen wir nicht. Nein, verständige Burschen sind wir, Michael wischt seine Nase in den Ärmel, wie jedermann, und was mich anbelangt, ich würde niemals etwas mit grüner Tinte auf gelbes Papier schreiben.

Und jetzt treibe ich den letzten Nagel in das Sitzbrett, mitten durch das blutrote Herz.

*

In der Nacht ist viel Tau gefallen, aber die Wärme hat ihn schnell aufgesogen, und nun steht alles deutlich und sauber gemalt in der glasigen Luft, die Zäune im Wiesenland, farbige Wäsche auf den Gängen der Höfe, Vieh auf den Weiden, Wald darüber, hellgrüner Lärchwald auf dem Kamm des Berges. Noch nie habe ich den Himmel so blau gesehen, so vollgetrunken mit Feuchtigkeit, eine dunkle, zitternde Fläche, aus der die Sonne ungebrochen strahlt, blank wie ein Licht aus dem Spiegel.

Lange sitze ich noch auf meiner neuen Bank, allein und betrübt, weil ich keinen Gefährten habe für meine Traurigkeit. Auch Michael hat mich verlassen. Es war schon am Morgen von Krapfen die Rede gewesen, und als vorhin die Eßglocke anschlug, verschwand er plötzlich. Michael weiß noch nicht, daß es Dinge im Leben gibt, die man nicht fassen und bei Namen nennen kann und die gleichwohl schwerer zu ertragen sind als eine leere Krapfenschüssel. Er lebt seine fröhlichen Tage, manchmal geraten ihm Prügel dazwischen, aber da war er doch vorher vergnügt gewesen und ist es nachher wieder; und wenn ihn einmal etwas innerlich schmerzt, so kommt auch das von greifbaren Dingen her, von frischem Brot und gestohlenen Dörrkirschen.

Ja, so einfach ist das Dasein für Michael, warum wird es mir so schwer gemacht? Das muß ein Ende nehmen, ich bin nicht der schlechteste unter den Burschen hier herum, mit meiner Krähenfeder auf dem Hut. Vielleicht werde ich doch in dieser Nacht auf die Almen gehen. Ich will in der Hütte am offenen Feuer sitzen, ein Mann in Gedanken, ein einsamer Mann, der nichts mehr besitzt als eine Kugel im Büchsenlauf.

*

Aber die Stille wächst und breitet sich aus, allmählich erlischt alles, das Waldrauschen in der Ferne, das Summen der Fliegen über dem Gras. Ich höre die Stimme meiner Wiese nicht mehr, diese vielen zarten Geräusche von bewegtem Laub, von Halmen und Blumen und allem, was sich da unendlich langsam regt und entfaltet.

Auch die Vögel verstummen. Manchmal fliegt eine Meise auf, sie flattert ängstlich und fällt wieder in den Baum zurück, als trügen sie mit einemmal ihre Schwingen nicht mehr. Irgendwo im Tal rollt noch ein eiliges Gefährt, auch das klingt übermäßig laut und hallend in der Ruhe. Es ist ein Bauernpferd mit schweren Hufen, jetzt höre ich den Wagen unten über die Brücke rasseln, und dann wird es still, die Schenke hat ihn aufgehalten. Das alles ist wie ein Traum bei wachen Augen, ich schaue umher und spüre etwas Unbehagliches im Halse, eine seltsame Beklemmung — auch die Bäume stehen regungslos in der toten Luft, als hielten sie den Atem an.

Und nun schiebt es sich aus dem Westen heran, hohe Türme zuerst, weiße Säulen von Dampf, und darunter mißfarbiges Gewölk, ein Knäuel von riesigen Schlangen, die sich winden und wälzen und ihre grauen Leiber blähen. Anfangs liegt die Wetterwolke niedrig und breit auf den Bergen, aber im Näherkommen zeigt sie den trächtigen Bauch, sie bäumt sich hoch auf und schleift ihr langes Regenhaar hinter sich her durch das Tal. Ein gewaltiges Untier ist sie, das mit trägen Gliedern durch die Weite des Himmels stampft. Blitze zucken aus ihrer Flanke, flackern und züngeln über die bläuliche Haut der Wolke, andere fahren leuchtend nieder und pflanzen sich wie feurige Bäume mitten hinein in den rauchenden Wald.

Jetzt höre ich auch den dröhnenden Schritt des Tieres und seine Stimme, ein tiefes Murren, das noch fern und leise ist und dennoch alles durchdringt wie kein anderer Laut in der Welt. Die Wetterglocke schlägt an, aber ihr Gezeter erstickt in der zusammengeschobenen Luft. Nach einer Weile schweigt sie plötzlich wie ein Mensch, der aus seiner Verzweiflung aufgefahren ist und schreit und klagt und wieder verstummt.

Und die Wolke wächst herauf, sie zerreißt den Himmel mit ihrer Wucht, begräbt den Berg und verschlingt die Sonne. Das Licht erlischt.

In diesem Augenblick springt der Sturm mit einem einzigen Satz in die Wiese. Plötzlich brüllen die Bäume laut auf wie unter einem Peitschenhieb, sie beugen sich tief, und auch das Gras liegt platt auf dem Boden, als hätte es der Wind mit einem Sensenschwung gemäht. Halme wirbeln in der Luft, dürre Blätter und Früchte und dazwischen ein Vogel, den der erste Stoß aus den Sträuchern geschüttelt hat.

Das ist nicht der Wind, den ich kenne, es ist Sturm,

er fällt wie ein Räuber über mich her und würgt mir den Atem aus dem Halse. Der Staub brennt in den Augen, und plötzlich schlägt der erste schwere Regentropfen schmerzhaft in mein Gesicht. Diese Tropfen sind pfeifende Geschosse, sie schlagen Blätter aus den Bäumen, und die Erde stäubt, wo sie auftreffen. Hier unter dem Baum kann ich nicht bleiben, es wird Zeit, daß ich mich nach einem Dach umsehe. Ich will ein paar Schritte weit am Zaun entlang laufen und in den Heuschuppen kriechen.

Aber das ist ein weiter Weg in diesem Aufruhr. Der Regen holt mich ein und dringt sofort eiskalt durch Rock und Hemd, der Wind treibt mich mit Fäusten vor sich her, ich verliere den Boden und sinke in rauschende Büsche, ich laufe wieder und falle und krümme mich unter seinen Stößen.

Ich krümme mich tief, denn jetzt fährt der Hammer aus dem Himmel. Acker und Wolke vermählen sich, und ich bin da nichts mehr, ausgetilgt, versengt unter dem glühenden Atem des Blitzes, betäubt von dem ungeheuren Aufschrei der jungfräulichen Erde.

Eine fremde Luft weht mich an, scharf und sauer, der Blitz hat ganz nahe eingeschlagen. Im gleichen Augenblick überschwemmt mich der Regen, Bäche von Regen, in breiten Würfen schräg über das Feld geschleudert wie Korn aus einer säenden Hand. Ich fühle Angst, die kopflose Scheu des Tieres, während ich fliehe und unter das Dach des Schuppens krieche. Draußen ist Finsternis, ein graues Gewebe von Schnüren, Dampf über dem Boden, stäubendes Wasser auf Zäunen und Dächern, der Lärm und die Verwirrung einer mörderischen Schlacht. Blitze flammen auf, Säulen,

Bänder, flackernde Brände in der Dunkelheit. Donner erschüttert die Luft, gewaltig hinrollend und hundertfältig wiederkehrend aus allen Abgründen der zerschlagenen Welt, oder scharf knatternd, als risse das Himmelstuch plötzlich von oben bis unten entzwei. Zuweilen sehe ich Bäume aus dem Regen tauchen, sie schwanken im Sturm und neigen sich einander zu, und das sieht wie ein Tanz aus, wie ein Reigen von wunderlichen Gespenstern am Zaun. Sie sind betrunken, die Eschen und Erlen und Haselstauden, die ganze Wiese trinkt und badet sich in der rauschenden Flut.

Allmählich aber strömt der Regen sanfter, Wälder und Berge tauchen wieder auf, noch rauchend vom Nebel und mit durchscheinenden Schleiern überhangen. Der Donner klingt schon leiser, noch einmal kommt ein Regenstrich prasselnd über die Felder, und dann verliert sich auch der Wind.

Langsam hebt die Wolke ihren Saum vom westlichen Tal. Ein heller Streifen Himmel wird sichtbar, und mit einem Male bricht die Sonne durch das Gewölk. Ferne Äcker leuchten plötzlich auf, zartgrün und hell wie unirdische Inseln im trüben Dunst. Für einen Augenblick tritt das Gestirn selbst hervor und neigt sein glänzendes Antlitz über die Erde. Immer heller wird das Land, reiner und höher der blasse Himmel, und dann fällt im dunklen Osten eine Fahne aus der Wolke, festlich und breit in den sieben Farben des Herrn. Sie rollt bis zur Erde herab, eine zweite bauscht sich rund darüber in der köstlich reinen Luft, und plötzlich singen auch die Vögel wieder. Naß und zerzaust sitzen sie überall in den Sträuchern, putzen sich und schwatzen dabei und schütteln sprühende Tropfen aus dem Gezweig. Gräser und Bäume sind über und über mit farbigem Licht besprizt, an den Ästen hängen dicke Wasserperlen aufgereiht, sie rollen herab und zerstäuben auf dem Boden mit einem klingenden Laut.

Eine andere, schönere Welt ist aus dem Wetter auferstanden, neu geschaffen und noch frisch in allen Farben.

Ich trete hinaus und schaue mich um, ja, da liegt das Land, meine Wiese, grün und weiß. Dunkel ist der Acker, fast schwarz von guter, feuchter Erde, hellfarbig die Wintersaat, rauchend und zerzaust vom Regen. Der Wind streicht darüber hin und richtet die Halme behutsam wieder auf. Er hat auch alles Dürre und Welke aus den Kronen der Bäume gekämmt, nun strecken sie sich im warmen Sonnenschein, verjüngt und mit glänzendem Laub bekränzt.

*

Ich möchte jetzt gern auf meinem Hügel sitzen, ein bißchen für mich singen und die Welt betrachten. Vielleicht fände ich Kirschblüten unterwegs, sicher sind schon ein paar Knospen am Kirschbaum aufgebrochen. Und später dächte ich mir etwas aus, ein Wort oder einen Vers, der mir gefiele und den ich den ganzen Abend lang so für mich hinsummen könnte. Wenn der Baum blüht, sänge ich,
    wenn der Wind geht, mußt du am Fenster stehn, und dein Hemd wird wie ein schneeweißes Segel
                                                                    wehn,
    braunäugiges Mädchen ...

Aber ich kann nicht singen und Verse machen, auf meinem Hügel sitzt das blauweiße Ding.

Seltsam, da habe ich nun eine Bank unter dem Ahorn gezimmert, in schlafender Nacht arbeitete ich dort und sparte keine Mühe; Gott mag wissen, was geschieht, wenn es dem Pfarrer einfällt, nach seinen Pfosten zu suchen.

Nirgends in der Welt gibt es eine Bank, auf der man so paradiesisch sitzt, mit Tulpen und Rosen unterwärts. Aber nein, ich hätte ebensogut einen Sauerdornbusch dorthin pflanzen können. Das verdrießt mich wirklich, ich will jetzt gleich einmal an dem Hügel vorübergehen und etwas Deutliches zu verstehen geben.

Das ist eine Heuwiese, werde ich sagen, Futter wächst da, Korn, verstanden? Das tägliche Brot, von dem geschrieben steht, daß es den Schweiß des Mannes kosten soll, seit die Mutter der Unvernunft unter tausend Äpfeln den herausfand, der des Teufels war.

Jawohl, dies und jenes will ich so hinwerfen und kein Blatt vor den Mund nehmen. Und ich bin wahrhaftig schon ein gutes Stück unterwegs, ehe ich merke, daß ich ohne Schande nicht mehr umkehren kann. Gut, dann also mag alles seinen Lauf nehmen!

Ich vergrabe die Fäuste in den Hosentaschen, das gibt meinem Schritt Gewicht und Breite, und nur der Hut sollte tiefer in der Stirn sitzen; es ist schwierig, ein bedeutendes Ansehen zu gewinnen, Schärfe und Ernst in den Blick zu legen, wenn man mit blankem Angesicht gegen den Wind marschieren muß. Dieser Wind läuft mir wie ein närrischer Hund zwischen die Beine, er zieht an meinen Hosen und bläst das

Hemd auf, und überdies habe ich die Augen voll Wasser. Eine dicke Träne rollt herab und hängt sich unten an mein Kinn.

Gleichviel, ich gehe meinen Weg, atemlos und tränenblind. Neben mir taucht etwas Bläuliches aus dem Gras, aber damit kann ich mich jetzt nicht aufhalten. Das ist vielleicht nur ein Busch auf dem Hügel, denke ich, sicher klopft mein Herz so laut, daß selbst die Büsche zu lachen anfangen. Weit vor mir sehe ich ein Tor im Zaun, das will ich im Auge behalten. Einmal trete ich noch in einen verdammten Kuhfladen, und dann, gottlob, bin ich vorüber.

Bäh! sagt das Gebüsch hinter mir ...

*

Ach, Sabine, blauweißes Ding, du fröhlicher Vogel in deiner Wiese! Wenn du lachst, dann zuckt eine Ader in deinem Hals, und überdies ist auch die Nase so winzig klein und rund wie eine braune Haselnuß; nie im Leben habe ich so eine Nase gesehen. Winzig klein bist du überhaupt, Sabine, das Gras reicht bis an dein Kinn, und ich stehe vor dir und ziehe den Hut als ein artiger Riese und lächle aus den Wolken herab. Wahrscheinlich leuchten meine Ohren glühend rot in der Sonne, aber ich lächle trotzdem, was könnte ich Besseres tun? Es ist immerhin eine Hilfe für den Anfang.

Später, denke ich, später will ich ihr die Eidechsen beim Zaunholz zeigen oder den Igelbau. Wir könnten zu den Ameisen gehen, zu den Wespen im Heuschuppen, vielleicht ist auch schon ein Kuckuck ausgeschlüpft; und wenn wir müde wären, hätten wir ja eine Bank unter dem Baum, einen warmen heimlichen Platz für den Abend.

Den jungen Kuckuck finden wir nicht, dafür sind auf dem Kirschbaum wirklich schon die ersten Blüten aufgebrochen. Ich hole ein paar Zweige aus der Krone, einen davon sollte Sabine in das Haar stecken, es gibt nichts Hübscheres als weiße Kirschblüten über dem Ohr. Aber Sabine steckt den Zweig in den Mund und kaut nur daran, leider.

Später sehe ich einen Maulwurf auf dem Felde arbeiten. Maulwürfe sind gewiß merkwürdig, man könnte viel von ihnen erzählen. Ich zeige Sabine eine schnurgerade Bahn von verwelktem Gras in der Wiese, das ist der Laufgang, wie die Wissenschaft sagt. Weit drüben am Zaun aber hat er seine Burg, das weiß die Wissenschaft wiederum nicht, doppelt schuhtief in der Erde und kunstvoll gebaut, mit zwei Ringen um die Höhle und mit sechs Gängen, drei, die in den oberen Ring führen, und drei von dort in den unteren. Wenn ein Wiesel in den Bau gerät, oder eine Otter, die können da lange suchen.

Das alles erzähle ich; einmal wird Sabine ja doch den Zweig aus dem Munde nehmen, wenn es so erstaunliche Dinge in der Wiese gibt.

Aber nein, das tut sie durchaus nicht!

*

Der alte Michael ist zufrieden, er hat jetzt seine gemächliche Zeit vor der Heumahd. Den ganzen Tag ist er mit dem Hammer und der Nagelkiste unterwegs, um eine Türschwelle auszuwechseln, eine verrostete Angel, ein lockeres Brett am Schuppen. Er schmiert den Göpel und alle Wagenräder, und ein anderes Mal treffe ich ihn bei den Farbtöpfen auf der Tenne, da steht er in tiefen Gedanken. Michael hat drei neue Bienenstöcke zusammengenagelt, die sollen nun bemalt werden. Blau könnte man sie machen, aber es müßte noch etwas Flottes dazukommen, ein springender Hirsch vielleicht, oder das göttliche Herz. Ja, das will gut überlegt sein, nicht so, wie ich es mir denke, hier einen Strich und da einen Fleck in meiner leichtfertigen Art. Diese Flugbretter müssen auf Jahre hinaus jeder Meinung standhalten als ein rechtschaffenes Stück Arbeit. Michael schüttelt den Kopf, er streift seinen Pinsel wieder aus und legt ihn weg — laß es für dieses Mal!

Nimm dir Zeit, dich draußen ein wenig umzusehen. Die Frau steht im Garten und setzt Pflanzen in die frischen Beete. Sie hat ihre Röcke aufgesteckt und ein helles Tuch um das Haar gebunden, das kleidet sie gut. Jung und stattlich sieht die Mutter aus in ihrem roten Unterzeug, das muß man schon sagen. Michael betrachtet sie eine Weile, dann geht er zum Brunnen und trägt ihr eine Kanne Wasser in den Garten.

*

Es ist ein prächtiger Tag, eine sorglose Zeit überhaupt, kein Hagel, kein Frost, der die Blüte verdirbt. Sonne vom frühen Morgen an, manchmal ein kleiner Regen dazwischen, ein laues Geriesel aus dickbäuchigen Wolken, die es erbärmlich eilig haben und nicht mehr aus und ein wissen am luftigen Himmel. Wachswetter ist das, die Obstbäume stehen prall und steif im Übermaß der Blüten wie verschämte Bräute, weißgestärkt und rosig überhaucht. Wenn der Wind ihre

Kronen schüttelt, schwirrt eine Wolke von Bienen heraus. Viele davon sind so benommen, daß sie einfach ins Gras fallen oder sonst irgendwo landen, in meinen Haaren, auf dem Rock. Da sitzen sie dann und sind ein bißchen wirr im Kopf, sie versuchen die Flügel und streifen das Nötigste zurecht, und plötzlich stäuben sie wieder davon, es ist jetzt keine Zeit zu verlieren.

Und meine Wiese blüht von Tag zu Tag reicher auf, sie trägt schon alle Farben des Sommers auf rostrotem Grund. An den Zäunen wuchert die Nessel in dichten Büschen, kein anderes Kraut ist so saftig grün, so fest und wohl geordnet in seinem ganzen Bau. Wenn die Nessel blüht, gleicht sie einem prunkvollen Brunnen mit dem zarten Geriesel der grünen Fäden von Blatt zu Blatt. Überhaupt hat dieser Streifen Land am Zaun entlang seine besondere Art. Jahr für Jahr drängt der Pflug Steine und Wurzelwerk aus dem Acker, das Unkraut nistet sich ein und was sonst den trockenen Boden liebt, Salbei und Minze und die krausen Disteln. Ich löse mit dem Finger das fadendünne Geflecht der Sternmiere aus dem Gras, Hirtentäschchen finden sich, Augentrost und Drittmadam und die haarigen Blattbecher vom Frauenmantel, jeder sauber gefaltet, mit einem klaren Tropfen Tau auf dem Grunde. Das alles blüht nicht hoffärtig und für den ersten Blick, man muß stillsitzen und die Augen ruhen lassen. Verliebte Leute haben da in hundert Jahren gesessen und haben ihre Seufzer in das Moos gesät, und daraus ist allerlei geworden, Geschlitztes und Gefranstes, Tausendschön und Gundermann, Wiegenkraut und Wehblume.

*

Ja, Wiegenkraut und Wehblume, das ist die alte
Geschichte vom Gundermann, der ein Jäger war, und
von der Jungfrau Tausendschön, die in der Stube saß
und spann, damals war es noch so. Damals konnte
ein Herz noch vor Stolz absterben oder vor Liebe
vergehen. Dieses Mädchen in der Kammer hieß nicht
anders, als es beschaffen war, Tausendschön; und was
den Jäger betrifft, der war blutjung und nicht der
schlechteste unter den Burschen, mit seiner kecken Feder auf dem Hut. Aber sie hatten keinen guten Stern
über sich — wie das eben kommt in alten Geschichten; zuletzt nahm es ein trauriges Ende mit den beiden.

Sabine sitzt auf dem Zaun, sie blinzelt in der Sonne
und lacht mir zu, nein, ich will jetzt nichts weiter sagen. Es ist noch früh am Tage, viel zu früh für eine
traurige Geschichte.

Übrigens lacht Sabine immer, es mag Morgen oder
Abend sein. Die Sonne hat ihren Spaß mit dem Kind
und kitzelt es in der Nase, dann niest Sabine ein dutzendmal und erstickt beinahe an diesem Vergnügen.
Es gibt Dinge, die mich verdrießlich machen, Regen
zum Beispiel, plötzliche Wassergüsse aus harmlosen
Wolken oder eine gewisse Gattung von Fliegen, Urgeister der Bosheit, die nicht ruhen, bis man in Verzweiflung gerät und sich selbst gewaltig hinter die
Ohren schlägt. Sabine aber ist auf geheime Weise mit
allen Dingen und Geschöpfen verbündet. Katzen streichen auf dem Zaun neben ihr her, schnurren und reiben das knisternde Fell in ihre Hand, und ein anderes
Mal kommt ein Hund von weit her Hals über Kopf
durch den Weizen gerannt. Ich kenne ihn, er ist der
Hund des Wegmachers, wir sind manchen Tag mit-

sammen unterwegs gewesen. Peter! sage ich — langsam, da sitzt Fräulein Sabine!

Aber Peter rollt ohne Umstände in ihren Schoß und läßt sich am Pelz ziehen und in die Ohren blasen. Ein Schurke also, ein meineidiger Köter!

Sabine bringt auch gelegentlich etwas Gelbgestreiftes auf der flachen Hand, vielleicht weiß sie gar nicht, daß es eine Wespe ist und daß es bitter weh tut, wenn sie sticht; diese hier ist jedenfalls ganz friedlich und zahm.

Ja, Wespen und Eidechsen und Schmetterlinge, und was am schlimmsten ist, auch der kleine Michael wankt in seiner Treue. Oder geht es noch mit rechten Dingen zu, wenn er nun den Hühnern ihre Eier unter dem Leibe wegstiehlt? Wenn er plötzlich irgendwo vor Sabine auftaucht, finster und schweigend in die Hose greift und ihr seinen Raub in die Hand drückt, drei Eier, ein braunes, ein weißes und ein zerbrochenes!

*

Um die Mittagszeit ruhen wir beide im hohen Gras, Sabine und ich. Es liegt eine wunderbare Stille über dem Feld, die Stille des reifen Tages, aber dennoch hundertfältig tönend. Der Himmel ist eine klingende Schale, mein Blut rauscht, und mein Atem bewegt die Halme vor mir, dünne Stiele mit nickenden Blüten. Ich betrachte genau diesen handbreiten Fleck Boden vor meinen Augen, und zuletzt ist auch er eine große Welt, weitläufig und mühselig und schwer zu begreifen. Ich sehe eine Fliege aus dem Moos kriechen, es ist ein ganz winziges Tier, langsam klettert es an einem Blatt hinauf, bis es den Sonnenschein erreicht. Und nun sitzt es da im warmen Licht, es breitet zitternde Fühler aus und Flügel, die in allen Farben schillern wie öliges Glas. Diese Stunde ist der Gipfel seines Daseins, gestern kam es zur Welt, morgen lebt es vielleicht nicht mehr, so kurz währt sein Leben. Aber es ist trotzdem eine vollkommene Fliege, mit Herzen und Nieren sozusagen. Ameisen schleppen ungeheure Lasten kreuz und quer durch das Dickicht, sie rennen und verständigen sich in atemloser Eile, und dann nehmen sie ihre Beute unverdrossen wieder auf, eine Spinnenhaut, ein Käferbein oder eine bestimmte Nadel unter hundert anderen. Im gleichen Augenblick geschieht ein Mord, ein haariger Wurm wird ermordet, und anderswo hängen zwei langbeinige Mücken, regungslos im glücklichen Schlaf der Liebe.

Schließlich bin ich ja wohl selbst ein Wurm, ein winziges Wesen, das um sein Leben rennt; die Welt ist nicht kleiner für mich, der Himmel nicht niedriger, so wie ich da liege. Ich kann mir gut denken, daß ich irgendwo zwischen den Halmen stünde im endlosen Gestrüpp, grüne Kräuter über mir, die wehenden Blattfahnen der Gräser, und hoch oben, schon in einer anderen Welt, ihre schweren glänzenden Häupter.

Blüten gibt es, Margueriten und Flockenblumen, Sabine meint, sie trügen breite Federhüte über ihren bärtigen Gesichtern. Und blaue Glocken — die Haut ihrer Kelche ist so dünn, daß die Sonne durchscheint, und dabei stürzen sich die Hummeln einfach kopfüber hinein, ohne alle Vorsicht, mit ihrem Bärenungestüm. Sie kommen auch zu mir, ich habe mein eines Ohr wie eine Blüte entfaltet, und dabei halte ich listig den Atem an und bemühe mich sehr, ganz still zu sein, ganz zur Wiese gehörig. Aber ich dufte nicht verlockend genug, plötzlich entschwindet das brummende Ding mit einem mächtigen Schwung im Blauen.

Darüber vergeht eine lange Zeit. Ich sollte vielleicht nicht hier liegen und mein Dasein leichtsinnig vergeuden. Jetzt müßte ich etwas Großes anfangen, ein schwieriges Werk, das meinen Tod überdauert. Aber was ist nun eigentlich wichtig in der Welt? Was könnte man tun, um einen Platz unter den Gestirnen zu erobern? Ein Mensch baut die Pyramiden, ein anderer Mensch sitzt sein Leben lang in der Einöde für das Heil seiner Seele, und der Himmel lächelt über beiden. Ja, der Himmel kann lächeln, er trägt das Geheimnis in seinem Schoß.

*

Einmal wende ich den Kopf und betrachte heimlich das Mädchen neben mir, den hellen Flaum auf seiner Wange, die zuckenden Lider. Braune Haut, durchsichtig und feucht von der Hitze, eine blaue Ader in der Kniekehle, Tal und Hügel im verschwiegenen Gras.

Ach ja, ich mache meine Augen wieder zu.

Aber nach einer Weile sagt Sabine etwas. Wie war es mit den zweien, fragt sie, warum nahm es kein gutes Ende mit ihnen?

Nein, Gundermann und Tausendschön, die beiden blühen nie mitsammen. Es war so, daß ihn eine große Liebe zu dem Mädchen erfaßte. Täglich ging der Jäger an ihrer Kammer vorüber, nachts legte er Blumen auf die Schwelle der Tür, solche, die hoch in den Felsen wachsen, die holte er für sie. Aber Tausendschön dankte ihm nicht dafür, sie saß nur und spann und hatte ein kaltes Herz. Zuletzt nahm er sich den Mut und klopfte an ihr Fenster.

Du bist mir die liebste von allen, sagte er, willst du kommen und mit mir im Garten gehen?

Nein, sagte Tausendschön, das will ich nicht. Es ist kalt, ich habe keinen Mantel für die Kühle.

Das nahm sich Gundermann zu Herzen, er ging mit seiner Büchse lange Zeit und sammelte Pelzwerk, gelbes vom Iltis, rotes vom Fuchs und schneeweißes vom Hermelin. Da hatte Tausendschön nun ihr Kleid, gelb, rot und weiß. Allein es war ein Jahr verstrichen, lange Zeit. Und darum hieß das Mädchen eigentlich nur noch Hundertschön, nicht mehr wie früher.

Aber du bist mir noch immer die liebste, sagte Gundermann, willst du jetzt kommen und mit mir zum Tanz gehen?

Nein, sagte Tausendschön, das will ich nicht. Ich bin barfuß, ich habe keine Schuhe für den Tanz.

Da ließ der Mann seine Felle gerben, weiches Leder von Hirsch und Reh; und es wurden zierliche Schuhe daraus gemacht, spitz und grün, mit hellen Säumen, damit Tausendschön nicht nackt im Grase stehen muß. Allein über dem verging ein anderes Jahr, Tausendschön war nicht mehr Hundertschön, sie war eine Jungfrau Dutzendschön geworden.

Wenn du meine Liebste sein willst, sagte Gundermann, dann komm und mach mir den Riegel auf.

Nein, sagte Tausendschön, das will ich nicht. Mein Bett ist schmal, ich will noch eine Weile allein darin schlafen. Komm im andern Frühling wieder, sagte sie.

Aber im andern Frühling wartete sie vergeblich, Gundermann war im Zorn über den Berg gegangen, dort lebte er jetzt und vergaß das Mädchen. Tausendschön saß in der Kammer und merkte wohl, daß ihre Jugend vorbei war. Nimmerschön! sagte der Spiegel. Sie dachte an Gundermann Tag und Nacht, weinte und rang die Hände. Jetzt mochte sie gern im Garten gehen, und ihre Füße waren flink zum Tanz, und das Bett war durchaus nicht zu schmal, käme er nur!

Als der Schnee verging, pflückte sie Wiegenkraut auf dem Anger und legte es in seiner verlassenen Hütte auf den Tisch, aber das half nicht. Im nächsten Jahr steckte sie andere Blumen an sein Fenster, Wehblumen waren das. Und über den Tränen dieser Zeit brach ihr das Herz. Einmal trug sie noch einen Strauß Kräuter in den Wald — Männertreu, ehe sie starb.

Und das geschah, als der Mann eben wieder fröhlich war und heimkehrte, weil er dachte, es sei nun genug der Prüfung für die stolze Jungfrau Tausendschön. Und da fand er sie so, welk und tot unter den Bäumen.

Nein, niemals blühen die beiden mitsammen, Gundermann und Tausendschön. Aber nun sitzt Sabine traurig da und sagt nichts mehr. Ich verstehe nicht, wie mir die Blume Männertreu in meine Geschichte geraten konnte, mußte es denn diese sein?

*

Das Gras blüht aus, ein paar kurze Tage vergehen noch, dann fängt die Heumahd an. Die Zeit des Schwärmens ist vorbei, die Abende in der weiten Wiese, das Singen und das Hand-in-Hand-Gehen im duftenden Kraut. Nur das Korn bleibt stehen, die ehrbare Frucht, sie allein überdauert den Sommer. Die

Ähren neigen sich schon und setzen Körner an, und die mannshohen Halme färben sich gelb. Zwar blüht die Wiese später noch einmal auf, aber das ist nichts Großartiges mehr, nur Schierling und Knäuelgras und die ärmlichen Blumen des Herbstes.

Ja, eines Abends setzt sich der alte Michael an den Dengelstock und fängt an, die Sensen zu schärfen. Er hat lange gewartet und die richtige Zeit ausgesucht, es kann sein, daß das Wetter jetzt eine Woche hält, dann bringt er das Heu frisch vom Boden weg in die Scheune, eine Unmenge Heu in diesem gesegneten Jahr. Wir werden uns mächtig ins Zeug legen vom grauen Morgen an, vielleicht noch einen Mann dazunehmen, den Mesner oder sonst einen zuverlässigen Burschen.

Und wir fangen diesmal auf der Talseite an, sagt Michael, es schickt sich besser für den Wagen.

Gut, dann verkeile ich mein Sensenblatt ordentlich und suche mir einen Kumpf für den Wetzstein im Zeugschuppen.

Es wäre hübsch, wenn Sabine morgen früh zurecht käme und sehen könnte, was für eine breite Gasse ich aufschlage, und daß mich niemand überholt, auch der alte Michael nicht, der doch wahrhaftig noch genug Schwung in seinen alten Knochen hat. Und wenn wir einen Vorsprung gewännen, könnte Sabine selbst ein paar Züge versuchen, auf eine Scharte käme es dabei nicht an, auf einen durchgesägten Maulwurfhügel. Ich suche ja schon den ganzen Tag nach Sabine, nirgends kann ich sie entdecken.

*

Dafür aber finde ich spät abends einen Strauß Blumen in meiner Stube auf dem Tisch und ich weiß sofort, was dieser Strauß bedeutet — Abschied, Ende. Es sind alle Blüten meiner Wiese in dem Glas versammelt, alle, auch kleine blaue darunter, auch Männertreu. Aber wenn Sabine wiederkommt, dann werde ich nicht über den Berg gegangen sein und anderswo leben — vielleicht kommt sie wieder. Die halbe Nacht streife ich auf dem Feld umher und suche nach den Plätzen, die uns vertraut geworden sind. Ja, hier saß Sabine und wunderte sich sehr über eine neue Art von Taubnesseln, weil ich aus jedem Blatt ein Herz herausgeschnitten hatte.

Im grauenden Tag hole ich die Sense aus dem Haus. Ich prüfe die Schneide mit dem Daumennagel und schärfe sie noch einmal, das gibt einen hellen kriegerischen Klang in der Morgenkühle.

Dann hole ich weit aus, und die grüne Mauer fällt vor mir zusammen ...

INHALT

I. WAGRAINER TAGEBUCH 5
II. KALENDERGESCHICHTEN 105
   1. Die Schöpfung 107
   2. Räubergeschichte 122
   3. Legenden und Betrachtungen 141
      Die Legende von den drei Pfändern der Liebe 141
      Die Legende vom vergrabenen Herzen . . 144
      Die Legende vom Tod 147
      Die Legende von den Worten 150
      Nachts unter Bäumen 152
      Gott sitzt hinter dem Busch 154
      Die Welt ist ein Meer 156
      Lob der Wiese 157
   4. Gang zum Geliebten 161
   5. Das Schlüsselchen 168
   6. Hans 177
   7. Begegnung mit dem Leser 184
III. DAS WIESENBUCH 193